AF619607

L'ÉTUDE

DE

L'HARMONIE RENDUE FACILE

A L'AIDE D'UN

NOUVEL EXPOSÉ DU SYSTÈME MUSICAL

TRAITÉ COMPLET

DE

L'ORIGINE DES ACCORDS

ET DE

LA PRATIQUE DE L'HARMONIE

PAR R. VINCENT

Dans cet ouvrage :

1° Le système musical et l'harmonie sont déduits d'un fait unique ; et, par ce moyen, l'ensemble de tous les accords est facile à saisir, les rapports que tous les faits harmoniques ont entre eux sont mis en évidence à chaque instant, et ces faits sont présentés de manière qu'ils puissent se graver promptement et pour toujours dans l'esprit du lecteur.

2° L'explication des accords du mode mineur est donnée en même temps que celle des accords du mode majeur, et l'on montre constamment que tous les degrés de la gamme remplissent les mêmes fonctions dans le mode mineur que dans le mode majeur. Désormais une seule et même étude suffira donc pour les deux modes.

Prix net : 3 fr.

PARIS

ANCIENNE MAISON CHORON-RÉGNIER-CANAUX,

RUE DE MÉZIÈRES, 1, PRÈS SAINT-SULPICE.

RENAUD, SUCCESSEUR.

L'ÉTUDE

DE

L'HARMONIE RENDUE FACILE

A L'AIDE D'UN

NOUVEL EXPOSÉ DU SYSTÈME MUSICAL

TRAITÉ COMPLET

DE

L'ORIGINE DES ACCORDS

ET DE

LA PRATIQUE DE L'HARMONIE

PAR R. VINCENT

Dans cet ouvrage :

1° Le système musical et l'harmonie sont déduits d'un fait unique ; et, par ce moyen, l'ensemble de tous les accords est facile à saisir, les rapports que tous les faits harmoniques ont entre eux sont mis en évidence à chaque instant, et ces faits sont présentés de manière qu'ils puissent se graver promptement et pour toujours dans l'esprit du lecteur.

2° L'explication des accords du mode mineur est donnée en même temps que celle des accords du mode majeur, et l'on montre constamment que tous les degrés de la gamme remplissent les mêmes fonctions dans le mode mineur que dans le mode majeur. Désormais une seule et même étude suffira donc pour les deux modes.

Prix net : 3 fr.

PARIS

ANCIENNE MAISON CHORON-RÉGNIER-CANAUX,

RUE DE MÉZIÈRES, 1, PRÈS SAINT-SULPICE.

RENAUD, SUCCESSEUR.

L'ÉTUDE

DE

L'HARMONIE RENDUE FACILE

Senlis.—Typ. Duriez.

L'ÉTUDE

DE

L'HARMONIE RENDUE FACILE

A L'AIDE D'UN

NOUVEL EXPOSÉ DU SYSTÈME MUSICAL

TRAITÉ COMPLET

DE

L'ORIGINE DES ACCORDS

ET DE

LA PRATIQUE DE L'HARMONIE

PAR R. VINCENT

Dans cet ouvrage :

1° Le système musical et l'harmonie sont déduits d'un fait unique ; et, par ce moyen, l'ensemble de tous les accords est facile à saisir, les rapports que tous les faits harmoniques ont entre eux sont mis en évidence à chaque instant, et ces faits sont présentés de manière qu'ils puissent se graver promptement et pour toujours dans l'esprit du lecteur.

2° L'explication des accords du mode mineur est donnée en même temps que celle des accords du mode majeur, et l'on montre constamment que tous les degrés de la gamme remplissent les mêmes fonctions dans le mode mineur que dans le mode majeur. Désormais une seule et même étude suffira donc pour les deux modes.

Prix net : 3 fr.

PARIS

ANCIENNE MAISON CHORON-RÉGNIER-CANAUX,

RUE DE MÉZIÈRES, 1, PRÈS SAINT-SULPICE.

RENAUD, SUCCESSEUR.

TABLE DES MATIÈRES.

L'ÉTUDE

DE

L'HARMONIE RENDUE FACILE

NOTIONS PRÉLIMINAIRES.

La réunion de plusieurs sons, entre lesquels se trouvent certaines relations qui seront expliquées plus loin, est un *accord.*

Une succession d'accords s'appelle *harmonie.*

Quelquefois on donne aussi ce nom à la réunion de deux ou un plus grand nombre de sons entendus en même temps.

Quand on nomme les notes dont un accord est composé, on commence par celle du bas, puis on nomme les autres à sa suite selon leur ordre d'apparition dans la gamme *do ré mi fa sol la si do ré mi* etc; et, si plusieurs notes portent le même nom, on omet les répétitions : ainsi, chacun des exemples f, g, h, i, j de la figure 88, page 58, est l'accord *sol si ré fa.*

Cependant il arrive souvent, ainsi qu'on le verra par la suite, que lorsque deux notes dont les noms se suivent dans la gamme, par exemple le *sol* et le *la,* font partie du même accord, la seconde de ces notes ne se nomme qu'après toutes les autres : *sol si ré fa la.*

L'harmonie est à deux *parties,* ou à trois, ou à quatre, etc., selon le nombre des notes qui doivent être entendues en même temps, les répétitions comprises.

Les parties se désignent numériquement de haut en bas.

La partie qui comprend toutes les notes inférieures se nomme *basse,* pourvu toutefois qu'elle procède, en passant d'un accord à l'autre, ainsi qu'il convient à la basse; autrement, elle se désigne par son numéro d'ordre.

A plus de deux parties, il est assez rare que la partie inférieure ne soit point réellement une basse.

A trois parties au moins, la première partie et la basse se nomment *parties extrêmes.*

Les parties placées entre les parties extrêmes se nomment *parties intermédiaires* ou *intérieures.*

Une partie peut, momentanément, passer au-dessus ou au-dessous d'une autre sans changer de numéro d'ordre : cela s'appelle *croisement des parties.*

I.

BASE DU SYSTÈME MUSICAL. — DÉTERMINATION DES RELATIONS QUI DOIVENT EXISTER ENTRE TOUS LES SONS EMPLOYÉS DANS CE SYSTÈME.

Parmi les relations qui doivent exister entre les sons employés dans notre *système musical,* il en est un assez grand nombre qui existent entre ceux que la nature place dans tous les corps sonores : aussi, depuis que je m'occupe d'harmonie, ai-je toujours pensé que les lois fondamentales de la musique sont contenues dans les *phénomènes acoustiques*, et, après avoir lu tout ce que j'ai pu trouver d'écrits propres à me confirmer dans cette idée ou à me la faire rejeter, je restai convaincu que la meilleure base à donner au système musical se trouve dans ces phénomènes. Ce qu'il y a de nouveau dans ce traité est donc moins la base sur laquelle il repose, que la manière dont cette base est développée.

Un son étant donné, quels autres sons peuvent se joindre à lui, et quelles relations, quels rapports ces sons doivent-ils avoir entre eux et avec le premier pour former notre système musical?

Au-dessus d'un son d'une certaine intensité, l'oreille distingue des *harmoniques,* c'est-à-dire des sons secondaires ou concomitants, beaucoup moins forts que le son principal, mais cependant assez forts pour être facilement appréciés.

Plus le son principal ou *générateur* a d'intensité, surtout s'il est d'une certaine gravité, plus les harmoniques que l'on distingue sont nombreux.

En faisant résonner, par exemple, le *sol* grave du piano, on entend, outre ce *sol,* toutes les notes dont il est surmonté dans l'exemple a, *figure* 1.

Par l'attaque simultanée de toutes les notes de cet exemple, on obtient un accord qui satisfait pleinement l'oreille; puis, si l'on écoute plus attentivement, on découvre de nouveaux harmoniques, représentés dans l'exemple b.

En ajoutant à l'accord obtenu la répétition des notes *ré, sol, si, fig.* 2, *ex.* a, on ne fait qu'augmenter la sonorité de cet accord; mais si l'on ajoute le *fa*, *ex.* b, ou le *fa* et le *la*, *ex.* c, l'effet produit fait naître le désir d'un autre accord, qui puisse servir de *conclusion.*

Avant de dire quelles sont les notes qui doivent former l'accord de conclusion, il faut examiner quelles sont celles qui, pour compléter le nombre des notes employées dans le système musical, peuvent venir et viennent effectivement s'ajouter à celles que nous avons déjà obtenues :

Le *sol* ayant engendré le *ré*, si l'on prend celui-ci pour note fondamentale, à son tour il engendre le *la* ; en continuant ainsi on obtient une *progression* formée des notes *sol, ré, la, mi, si, fa dièze, do dièze, sol dièze, ré dièze, la dièze, mi dièze, si dièze, fa double-dièze* ou *sol ;* mais le dernier terme de cette progression étant trop haut de plus d'un quart de ton pour être d'accord avec le premier, on le baisse d'autant et on répartit également cet abaissement entre les douze derniers termes, ce qui constitue ce qu'on appelle le *tempérament*. Au moyen du tempérament le système musical peut s'édifier sur n'importe quelle note et le même son peut être employé sous différents noms, par exemple *si dièze* ou *do*, *sol dièze* ou *la bémol*, *sol double-dièze* ou *si double-bémol*.

L'effet produit, d'abord, par l'introduction du *fa* dans l'accord a, figure 1, résulte des relations qui existent entre cette note et les notes *sol* et *si*; voici comment on fait cesser cet effet et comment on obtient l'accord de conclusion : on conserve dans une partie intermédiaire la *note fondamentale sol,* afin qu'elle serve de liaison à l'harmonie, *fig.* 3, a, puis on change *sol fa* en *sol mi*, dont la relation est semblable à celle de *ré si* du premier accord, *fig.* 3, b, et *si fa* en *do mi*, dont la relation est semblable à celle de *sol si*, c ; ensuite, complétant l'accord commencé par les notes *sol, do, mi* de manière à le rendre semblable à l'*accord primitif*, d, et le plaçant à la suite de l'accord b de la figure 2, on a la marche à suivre pour passer de celui-ci à l'*harmonie conclusive*, chaque partie devant prendre le plus court chemin ; cependant on évite que la succession *sol do* se fasse deux fois dans le même sens, *fig.* 3, e.

Dorénavant les exemples d'accords seront, le plus souvent, à quatre parties, suivant l'usage adopté dans les traités d'harmonie.

Dans l'accord c, figure 2, le *la* se trouve aussi être, avec le *sol* et le *si*, dans une relation qui produit un effet analogue à celui qui est produit par le *fa* ; on fait cesser cet effet par le mouvement descendant de la partie supérieure du *la* au *sol*, *fig.* 4.

— Les deux accords de la figure 4 fournissent toutes les notes nécessaires à la formation de ce qu'on appelle le *mode majeur*.

— On obtient le *mode mineur* en abaissant d'un demi-ton la note supérieure du premier de ces accords, et aussi le *mi* de l'accord de conclusion, *fig.* 5.

En rangeant sur des degrés consécutifs de la portée les notes nécessaires à la formation de l'un ou de l'autre mode, en commençant et finissant par la note fondamentale de l'harmonie conclusive, on forme ce qu'on appelle la *gamme diatonique*, *fig.* 6.

L'accord de conclusion succède naturellement à l'accord primitif qui est le même dans les deux modes, *fig.* 7, a, b.

L'accord b, figure 2, est aussi le même dans les deux modes, *fig.* 7, c, d.

— La succession donnée aux *premiers produits harmoniques* constitue avec eux les *principaux faits de l'harmonie ;* — tous les autres faits ne sont que des *modifications* ou des *imitations* de ceux-ci.

— Ainsi, on peut distinguer deux harmonies principales : l'une, *primitive* ou *antécédente*, ayant pour note fondamentale la *dominante* ou cinquième note de la gamme; et l'autre, *conclusive* ou *conséquente*, ayant pour note fondamentale la *tonique* ou *dernière note*.

Donc, — *le système d'harmonie repose sur la cinquième note de la gamme.*

— De ce que la tonique est la première note de la gamme, il ne s'ensuit pas qu'elle doive être la note fondamentale du système musical. Si la tonique est la première note de la gamme, — c'est parce qu'elle se trouve deux fois dans cette gamme; mais si elle ne s'y trouvait qu'une seule fois, de même que les autres notes, il est certain que ce ne serait pas au commencement comme ceci : *do ré mi fa sol la si, do si la sol fa mi ré;* ce serait à la fin : *ré mi fa sol la si do, si la sol fa mi ré do* (1).

A la fin de la gamme, la tonique sert de conclusion à l'audition successive des notes qui, excepté une (ici le *mi*), entrent toutes dans la formation d'un accord qui ne peut avoir que la dominante pour base (l'accord *sol si ré fa la*).

II.

DES DIFFÉRENTES GAMMES. — DES GENRES.

Chacune des notes du système musical peut devenir première note d'une gamme, pourvu qu'à partir de cette note, et au moyen des dièzes ou des bémols, les tons et les demi-tons soient combinés comme dans l'une ou l'autre des gammes de la figure 6.

Les notes d'une gamme s'appellent aussi *degrés*. Chaque degré est désigné par son numéro d'ordre : ainsi, dans la figure 6, *do* est le premier degré de la gamme, *ré* est le deuxième, etc.

Ainsi qu'on l'a déjà vu, la première note d'une gamme se nomme encore tonique, et la cinquième, dominante ; la septième se nomme *note sensible*.

L'ensemble des notes d'une gamme constitue ce qu'on appelle aussi un *ton*. Le *ton* prend le nom de la première note de la gamme : *ton* de *do*, *ton* de *fa*, *ton* de *si bémol*, etc

Le nom du mode s'ajoute ordinairement à celui du *ton*, surtout si le mode est mineur : *ton* de *do*, *mode majeur*, *ton* de *do*, *mode mineur*, etc., ou, plus simplement, *ton* de *do majeur*, *ton* de *do mineur*, etc.

La gamme qui procède par demi-tons se nomme *gamme chromatique*.

Il y a trois *genres* en musique : le *genre diatonique* qui procède par les degrés de la gamme diatonique d'un *ton* quelconque, le *genre chromatique* qui procède par demi-tons, et le *genre enharmonique* qui consiste dans le passage d'une note à son homophone, comme de *ré dièze* à *mi bémol*, de *si bémol* à *la dièze*.

---

(1) Depuis plus de vingt ans que cet ouvrage est commencé, j'ai eu bien des fois l'occasion de faire part de cette idée à de bons musiciens : tous en ont été surpris et en ont reconnu la justesse.

III.

INTERVALLES.

La distance qu'il y a entre deux notes qui n'occupent pas le même degré (ligne ou interligne) se nomme *intervalle.*

Entre deux notes placées sur des degrés voisins, il y a intervalle de *seconde.*

S'il se trouve un degré entre les deux termes de l'intervalle, c'est un intervalle de *tierce ;*

S'il s'en trouve deux, c'est un intervalle de *quarte ;*

S'il s'en trouve trois, c'est un intervalle de *quinte ;*

S'il s'en trouve quatre, c'est un intervalle de *sixte ;*

S'il s'en trouve cinq, c'est un intervalle de *septième ;*

S'il s'en trouve six, c'est un intervalle d'*octave ;*

S'il s'en trouve sept, c'est un intervalle de *neuvième ;*

Etc., *fig.* 8.

Souvent les noms de seconde, tierce, quarte, quinte, sixte, septième, octave, neuvième, etc., s'écrivent par abréviation : 2de, 3^{ce}, 4te, 5te, 6te, 7e, 8^{ve}, 9e, etc.

On nomme *intervalles simples* tous ceux qui ne sont pas plus grands que l'octave; tous les intervalles plus grands que l'octave sont des *intervalles doublés, triplés,* etc., selon leur étendue.

Les intervalles doublés se forment en ajoutant une octave aux intervalles simples; les intervalles triplés, en en ajoutant deux, etc.; ainsi :

La seconde doublée est l'octave de la seconde, c'est-à-dire la neuvième ;

La tierce doublée est l'octave de la tierce, c'est-à-dire la *dixième,*

Etc.;

La seconde triplée est la double octave de la seconde, c'est-à-dire la *seizième,*

Etc.

En harmonie, tous ces grands intervalles sont traités comme des intervalles simples; il n'y a exception, ainsi qu'on le verra par la suite, que dans quelques cas où l'intervalle de neuvième et plusieurs autres ne peuvent pas être considérés comme des intervalles simples portés à leur octave.

Tout en embrassant le même nombre de degrés, un intervalle peut être *majeur* ou *mineur, augmenté* ou *diminué*, selon la quantité de tons et de demi-tons dont il est composé :

La seconde majeure est composée d'un ton;

La tierce majeure est composée de deux tons;

La quarte majeure est composée de trois tons;

La quinte majeure est composée de trois tons et d'un demi-ton;

La sixte majeure est composée de quatre tons et d'un demi-ton;

La septième majeure est composée de cinq tons et d'un demi-ton.

L'intervalle mineur est plus petit d'un demi-ton que l'intervalle majeur.

Tous les intervalles qui peuvent être formés avec les notes d'une gamme quelconque, mais sans signes altératifs accidentels, sont majeurs ou mineurs, excepté l'octave qui est toujours composée de cinq tons et de deux demi-tons et est appelée *intervalle juste*.

En ajoutant un demi-ton à chacun des intervalles majeurs et à l'intervalle juste, on obtient des intervalles qu'on appelle augmentés, et en retranchant un demi-ton de chacun des intervalles mineurs et de l'intervalle juste, on obtient des intervalles qu'on appelle diminués, *fig.* 9.

La quarte majeure étant composée de trois tons se nomme quelquefois *triton*.

L'octave, la quinte majeure, la quarte mineure, la tierce majeure, la tierce mineure, la sixte majeure et la sixte mineure, — c'est-à-dire tous les intervalles qui peuvent se former avec les notes de l'accord primitif (l'accord a, figure 1), sont appelés *consonnants ;* tous les autres intervalles sont *dissonants*.

Parce que l'octave, la quinte majeure et la quarte mineure ne peuvent subir aucune modification sans devenir dissonantes, on les a nommées *consonnances parfaites*. La tierce et la sixte pouvant être majeures ou mineures sans cesser d'être consonnantes, se nomment *consonnances imparfaites*.

— Il est remarquable que le plus ou moins grand degré de perfection que l'on reconnaît généralement à chaque intervalle, range les intervalles dans le même ordre que celui où ils apparaissent dans le phénomène acoustique que j'ai pris pour point de départ (figure 1) : ainsi l'octave est une consonnance plus parfaite que la quinte, la quinte est plus parfaite que la quarte; puis viennent les consonnances imparfaites et enfin les *dissonances ;* on remarquera aussi que la tierce majeure se présente avant la tierce mineure (1).

Ordinairement la quarte mineure, la quinte majeure et l'octave juste se désignent simplement par les noms de quarte, quinte et octave.

On appelle *renverser* un intervalle, faire passer sa note la plus basse au-dessus de sa plus haute, ou, ce qui revient au même, sa note la plus haute au-dessous de sa plus basse.

L'intervalle non renversé est appelé *direct*.

Le renversement d'un intervalle majeur produit un intervalle mineur et réciproquement, et celui d'un intervalle augmenté produit un intervalle diminué et aussi réciproquement.

L'intervalle direct et son renversement sont tous deux consonnants ou dissonants.

Lorsque les intervalles plus grands que l'octave ne peuvent pas être regardés comme le doublement des intervalles simples, ils ne doivent point se renverser.

Deux notes placées sur le même degré se nomment un *unisson*.

---

(1) « Les anciens compositeurs finissaient toujours par la tierce majeure, disant que la tierce mineure est plus imparfaite. » (Cherubini, *Cours de contre-point et fugue*, page 29.)

IV.

DES MOUVEMENTS ET DES SUITES D'INTERVALLES DÉFENDUES.

En harmonie, on appelle *mouvement* la marche des parties du grave à l'aigu ou de l'aigu au grave.

On distingue trois sortes de mouvements : le *mouvement semblable* ou *direct;* il a lieu lorsque deux parties montent ou descendent en même temps, *fig.* 10, a; le *mouvement contraire;* il a lieu lorsqu'une partie monte pendant qu'une autre descend, b; et le *mouvement oblique;* il a lieu lorsqu'une partie monte ou descend pendant qu'une autre reste en place, c.

Lorsque les parties sont en nombre suffisant, tous les mouvements peuvent avoir lieu simultanément, *fig.* 7, c, d.

Il faut toujours comparer le mouvement de chaque partie avec celui de chacune des autres parties, car il est défendu de faire, entre deux parties, plusieurs octaves ou plusieurs quintes de suite, soit *réelles*, soit *cachées, fig.* 11.

Les octaves et les quintes cachées se reconnaissent en faisant passer les parties par tous les degrés, ainsi que cela est indiqué par des noires dans les exemples c, d.

On voit par cette figure que toutes les fois qne deux parties arrivent par mouvement semblable sur une octave ou sur une quinte, il y a nécessairement suite d'octaves ou de quintes, soit réelles, soient cachées.

Il y a des auteurs qui disent : *octaves* et *quintes couvertes* au lieu de : octaves et quintes cachées.

Lorsque, sans se succéder immédiatement, deux octaves ou deux quintes ne sont placées qu'à une très petite distance l'une de l'autre, il faut avoir soin que ce qui se trouve entre elles suffise pour ne rien laisser subsister du mauvais effet qui résulterait de leur succession immédiate : ainsi on évitera que les parties arrivent sur l'octave ou sur la quinte comme dans la figure 12.

Entre certains degrés de la gamme, les octaves et les quintes cachées sont permises lorsque la plus haute des deux parties qui forment l'intervalle arrive sur cet intervalle par un mouvement de seconde, *fig.* 13.

— Les exemples de cette figure, et la plupart des exemples suivants, servent pour les deux modes, en supposant trois bémols à la clef pour le mode mineur; les exemples qui ne doivent servir que pour le mode majeur sont indiqués par M, et l'armure du *ton* de *do mineur* indique ceux qui ne servent que pour le mode mineur.

Sont encore permises certaines quintes cachées qui peuvent avoir lieu parmi les intervalles donnés par la dominante et ses harmoniques, *fig.* 14.

On peut faire succéder une quinte mineure à une qninte majeure, *fig.* 15.

Il est aussi défendu de faire plusieurs unissons de suite.

Les octaves et les unissons de suite ne produisent pas à beaucoup près un aussi mauvais effet que les quintes consécutives; si on les défend, c'est principalement à cause de la pauvreté d'harmonie qui en résulte.

Une suite d'octaves est permise pour doubler une partie d'un bout à l'autre, ou au moins pendant un certain temps, soit à l'octave supérieure, soit à l'octave inférieure, soit encore à l'une et à l'autre en même temps; alors il faut avoir soin que le doublement d'une des parties supérieures à son octave inférieure ne descende pas au-dessous de toutes les autres parties, et que le doublement de la basse à son octave supérieure ne monte pas au-dessus de la partie principale.

Il va sans dire qu'il est permis de doubler une partie à l'unisson.

Entre la basse et une partie haute, on défend encore deux quartes mineures de suite; mais on permet la succession de deux quartes dont l'une est majeure, *fig.* 16.

V.

RÉSOLUTION DES INTERVALLES DISSONANTS.

Lorsqu'un accord renferme une ou plusieurs dissonances, il lui faut une suite dans laquelle les parties qui ont formé intervalle dissonant, concourent à la formation d'un intervalle consonnant.

L'intervalle consonnant produit par les mêmes parties que l'intervalle dissonant qui le précède, se nomme la *résolution* de cet intervalle dissonant.

Nous avons vu qu'en ajoutant le *fa* ou le *fa* et le *la* à l'accord *sol si ré,* on change totalement la nature de cet accord; cela vient de ce qu'alors le *fa* donne lieu à la dissonance de septième mineure *sol fa,* et à celle de quinte mineure *si fa;* et que le *la* donne lieu à deux autres dissonances : la neuvième *sol la,* et une autre septième, *si la.* C'est la résolution de toutes ces dissonances qui fait cesser l'impression produite par le *fa* et le *la* ajoutés au premier accord.

— La marche des parties dans la résolution des dissonances naturelles, indique la manière ordinaire de résoudre la plupart des intervalles dissonants; ainsi :

La septième mineure se résout sur la sixte en faisant descendre la partie supérieure, *fig.* 17, b d.

Le renversement des parties donne la résolution de la seconde majeure sur la tierce;

La septième mineure, et principalement lorsqu'elle est formée par la dominante et le quatrième degré, se résout aussi sur la tierce par le mouvement simultané des deux parties, a d.

Le renversement des parties donne une résolution de la seconde sur la sixte;

Si la septième est formée par la note sensible et le sixième degré, la résolution se fait ordinairement sur la quinte par le mouvement simultané des deux parties, c e;

Le renversement des parties ne se fait qu'en mode mineur, il donne la résolution de la seconde augmentée sur la quarte;

L'intervalle de septième formé par la note sensible et le sixième degré peut

se résoudre aussi sur la sixte par le seul mouvement descendant de la partie supérieure;

Le renversement des parties ne se fait encore que dans le mode mineur, il donne la résolution de la seconde augmentée sur la tierce majeure;

La quinte mineure se résout sur la tierce par le mouvement simultané des deux parties, c d;

Le renversement des parties donne la résolution de la quarte majeure sur la sixte;

La neuvième se résout sur l'octave en faisant descendre la partie supérieure, b e;

Si la neuvième est formée par la dominante et le sixième degré, la résolution se fait ordinairement sur la quinte par le mouvement simultané des deux parties, a e.

VI.

CONSIDÉRATIONS GÉNÉRALES SUR LES ACCORDS.

Tous les principaux accords sont composés de notes qui peuvent (les répétitions à l'octave non comprises) s'échelonner par tierces.

Nul accord ne peut être complet à moins de trois notes de noms différents, et il y a des accords qui en exigent un plus grand nombre.

Les intervalles formés par les notes d'un accord se comptent tous à partir de la note la plus basse; ils s'énoncent en commençant par le plus petit et sans avoir égard aux *notes doublées :* ainsi, dans la figure 88, les accords f, g, h, i, j sont composés chacun de tierce, quinte et septième.

Un accord est *consonnant* lorsque ses notes ne forment entre elles que des consonnances.

S'il se trouve une ou plusieurs dissonances entre les notes d'un accord, il est *dissonant*.

La note qui, seule, peut se trouver au grave dans le rangement par tierces des notes d'un accord, se nomme la *fondamentale* de cet accord.

Lorsque la fondamentale est au grave, l'accord est *direct;* autrement, il est *renversé :* et il en est toujours ainsi quels que soient l'ordre et le nombre des autres notes.

Le premier *renversement* consiste à mettre au grave la tierce de l'accord direct, le deuxième à y mettre la quinte, et le troisième à y mettre la septième, *fig.* 18. Les accords composés de tierce, quinte, septième et neuvième n'ont pas plus de trois renversements usités.

Les différentes manières dont les notes supérieures d'un accord peuvent être prises par la main droite sur le clavier constituent ce qu'on appelle les diverses *positions, fig.* 19.

La position à prendre est déterminée par la proximité des notes de l'accord qui précède, et quelquefois par la proximité des notes de l'accord qui suit.

On entend encore par position, le plus ou moins de rapprochement ou d'éloignement des parties, et sous ce rapport on distingue la *position serrée* et la *position large* ou *dilatée*.

On évitera de disloquer l'harmonie en plaçant un grand intervalle au milieu des accords comme dans la figure 20, *ex.* a; lorsque, pour une raison quelconque, cette séparation des notes d'un même accord sera inévitable, il faudra qu'au-dessus et au-dessous de la séparation les notes produisent une harmonie satisfaisante, selon leur nombre, b, c.

— Quoique le nombre et l'espèce des voix ou des instruments pour lesquels la musique est écrite détermine le plus ou moins de rapprochement ou d'éloignement des parties, il est encore bon à cet égard de suivre, autant que possible, l'enseignement que nous donne la nature dans le phénomène acoustique sur lequel j'ai basé ce traité : c'est-à-dire que les grands intervalles, d'abord l'octave, puis la quinte, se placeront de préférence au grave des accords; la quarte, la tierce et son renversement la sixte se placeront au médium ou à l'aigu. Quant au doublement de la partie haute à l'octave supérieure, on le regarde comme l'unisson de la partie doublée.

La suite de notes que produit chaque partie dans la succession des accords, doit être d'une intonation facile et naturelle, elle doit former une espèce de mélodie; il faut donc autant que possible, et principalement dans la musique vocale, éviter de faire franchir par aucune partie, surtout par la basse, des intervalles peu mélodieux et d'une intonation difficile.

Une note d'un accord peut être *préparée* dans l'accord précédent, c'est-à-dire produite dans ce précédent accord, et par la même partie, *fig.* 17, b. Il y a des cas où la *préparation* peut avoir lieu pour plusieurs notes du même accord.

L'appellation de chaque accord est basée sur une ou plusieurs des considérations suivantes : les intervalles qui composent l'accord, les degrés qui forment ces intervalles, la note qui est au grave. Il n'y a exception que pour un très petit nombre d'accords.

VII.

ACCORDS PARFAITS ET LEURS RENVERSEMENTS.

L'accord primitif se nomme *accord parfait;* il est composé de tierce majeure et quinte majeure, *fig.* 21, a, b.

Tout accord composé de tierce (majeure ou mineure) et quinte majeure, se nomme accord parfait.

Un accord parfait est dit *majeur* ou *mineur,* selon l'espèce de sa tierce, *fig.* 22.

Dans chaque mode, le passage de l'accord parfait de la dominante à l'accord parfait de la tonique se nomme *cadence parfaite,* même figure.

— Dans le mode majeur, les relations qui se trouvent entre les intervalles de tierce et de quinte de la dominante et ceux de la tonique se retrouvant entre les intervalles de tierce et de quinte de la tonique et ceux du quatrième degré, souvent l'accord parfait de la tonique est suivi d'un accord parfait sur le quatrième degré, *fig.* 23.

La même succession se pratique aussi dans le mode mineur.

Le dernier accord de la cadence parfaite peut être remplacé par un accord parfait sur le sixième degré; ce fait harmonique s'appelle *cadence rompue, fig.* 24.

— Ainsi, la nature place l'accord parfait sur la dominante de chaque mode, et on le place aussi sur la tonique, sur le quatrième degré et sur le sixième.

Dans le même *ton*, chacun des accords parfaits des degrés 1, 4, 5, 6 peut succéder à chacun des trois autres.

On pose quelquefois un accord parfait sur le second degré du mode majeur. C'est tout ce que je peux dire de cet accord jusqu'au moment où je ferai voir quelle est son origine.

Le premier renversement d'un accord parfait est composé de tierce et sixte; on le nomme *accord de sixte, fig.* 25.

Dans les exemples de cette figure, ainsi que dans un certain nombre des exemples suivants, les noires indiquent des accords qui s'enchaînent naturellement avec ceux auxquels le texte se rapporte.

Le second renversement d'un accord parfait se nomme *accord de quarte et sixte, fig.* 26. L'accord parfait du sixième degré ne s'emploie pas dans son second renversement.

Dans le second renversement des accords dont la quinte est majeure, on évite, autant que possible, que l'intervalle de quarte formé par la basse avec une des autres parties ait lieu avec la partie la plus haute, comme dans l'exemple a, *fig.* 27; on évite aussi de doubler cet intervalle comme dans l'exemple b; enfin on évite de le placer entre les parties inférieures, c. La meilleure disposition est donc celle de l'exemple d.

VIII.

ACCORDS DISSONANTS NATURELS.

— Dans les quatrième, cinquième, sixième et septième notes du phénomène acoustique sur lequel j'ai basé notre système musical (voyez la figure 1), la nature nous donne, sur la dominante de chaque mode, un accord composé de tierce majeure, quinte et septième mineure; on le nomme *accord de septième de dominante, fig.* 28, a.

Dans chaque mode, le passage de l'accord de septième de dominante à l'accord parfait de la tonique se nomme aussi *cadence parfaite*, b, c.

Le dernier accord de cette cadence parfaite peut être remplacé par l'accord parfait du sixième degré, ce qui se nomme encore *cadence rompue*, d.

Les cinquième, sixième, septième et huitième notes du phénomène acoustique représenté dans la figure 1, donnent, sur la note sensible de chaque mode, le premier renversement de l'accord de septième de dominante; on le nomme *accord de quinte mineure et sixte, fig.* 29, a.

La résolution de chacune des notes de l'accord de septième de dominante étant, dans les renversements, la même que dans l'accord direct, l'accord de quinte mineure et sixte se résout sur l'accord parfait de la tonique, b.

Le second renversement de l'accord de septième de dominante se pose sur le second degré de chaque mode; on le nomme *accord de sixte sensible, fig.* 30, a; il se résout aussi sur l'accord parfait de la tonique, b, ou sur l'accord de sixte du troisième degré, c.

Le troisième renversement se pose sur le quatrième degré de chaque mode; on le nomme *accord de triton, fig.* 31.

En retranchant la note fondamentale de l'accord de septième de dominante, on a, sur la note sensible de chaque mode, un accord composé de tierce mineure et quinte mineure; on le nomme *accord de quinte mineure, fig.* 32, a.

L'origine de l'accord de quinte mineure étant connue, la résolution de chacune de ses notes l'est aussi, car elle est la même que dans la résolution de l'accord de septième de dominante, b, c.

Le premier renversement de l'accord de quinte mineure donne un accord de sixte sur le second degré de chaque mode, *fig.* 33, a, b, c.

Le second renversement se pose sur le quatrième degré de chaque mode; on le désigne sous le nom d'*accord de quarte majeure et sixte sur le quatrième degré*, d, e, f.

IX.

ACCORDS QUI NAISSENT DE LA SUBSTITUTION DU SIXIÈME DEGRÉ AU CINQUIÈME.

— Dans le phénomène acoustique que j'ai pris pour base (figure 1), la première note qui se présente au-dessus de l'accord de septième de dominante est l'octave du son fondamental de cet accord; si l'on rejette cette note et qu'on lui *substitue* la suivante, on obtient un accord composé de tierce majeure, quinte, septième mineure et neuvième majeure; c'est-à-dire composé de quatre tierces superposées, *fig.* 34, a; on le nomme *accord de neuvième majeure de dominante.*

L'accord de neuvième de dominante étant l'accord de septième de dominante auquel on a ajouté une tierce à l'aigu, la résolution de ses quatre notes inférieures est la même que dans la résolution de l'accord de septième de dominante; quant à la *note substituée,* elle se résout par un mouvement descendant de seconde.

Dans l'accord de neuvième de dominante, le sixième degré doit être placé à la distance de neuvième, au moins, de la dominante, il doit se trouver au-dessus de la note sensible, et, de préférence, à la partie supérieure, *fig.* 34, b, c, d, e.

Pour renverser l'accord de neuvième de dominante on lui laisse sa forme naturelle et on transporte seulement à la basse une des notes intérieures, *fig.* 35, a, b, c.

Les renversements de cet accord n'ont point de noms particuliers, et l'oreille n'admet pas le quatrième, dans lequel la note substituée serait au grave.

Le premier renversement de l'accord de neuvième majeure de dominante est composé de tierce mineure, quinte mineure, sixte mineure et septième (ou plutôt quatorzième) mineure.

Le second renversement est composé de tierce mineure, quarte, quinte (ou plutôt douzième) et sixte majeure.

Et le troisième, de seconde majeure, tierce (ou plutôt dixième) majeure, quarte majeure et sixte majeure.

Les renversements de l'accord de neuvième de dominante peuvent s'obtenir aussi en plaçant le sixième degré au-dessus des renversements de l'accord de septième de dominante, *fig.* 35, d, e, f.

Dans le mode mineur, où la note substituée est d'un demi-ton plus basse que dans le mode majeur, l'accord de tierce, quinte, septième et neuvième sur la dominante se nomme *accord de neuvième mineure de dominante, fig.* 34 et 35, en supposant trois bémols à chaque clef.

En retranchant la note fondamentale de l'accord de neuvième majeure de dominante, on a, sur la note sensible du mode majeur, un accord composé de tierce mineure, quinte mineure et septième mineure; on le nomme *accord de septième de sensible, fig.* 36, a.

La résolution de chacune des notes qui composent cet accord est la même que dans la résolution de l'accord de neuvième majeure de dominante, b.

L'accord de septième de sensible se renverse de la même manière que l'accord de neuvième de dominante, c'est-à-dire en transportant seulement à la basse une des notes intérieures.

Le premier renversement se nomme *accord de quinte et sixte sensible,* c;

Le second, *accord de triton avec tierce majeure,* d;

L'oreille n'admet pas le troisième.

En retranchant la note fondamentale de l'accord de neuvième mineure de dominante, on a, sur la note sensible du mode mineur, un accord composé de tierce mineure, quinte mineure et septième diminuée; on le nomme *accord de septième diminuée, fig.* 37, a.

Dans le mode mineur, et sans doute parce que la seconde augmentée sonne comme la tierce mineure, l'oreille admet le renversement de l'intervalle de septième formé par la note sensible et le sixième degré; aussi tous les renversements de l'accord de septième diminuée sont permis, et dans ces renversements, ainsi que dans l'accord direct, les notes supérieures ont la liberté de former toutes les combinaisons qui leur sont possibles.

Le premier renversement se nomme *accord de quinte mineure et sixte sensible, fig.* 37, b;

Le deuxième, *accord de triton avec tierce mineure,* c;

Et le troisième, *accord de seconde augmentée,* d.

En retranchant les deux notes graves de chacun des accords de neuvième de dominante, on a, sur le second degré du mode majeur, un accord parfait mineur, et sur le second degré du mode mineur, un accord composé de tierce mineure et quinte mineure. La figure 38 offre quelques exemples de l'emploi de ces accords.

Le premier renversement de l'accord de tierce et quinte sur le second degré donne un accord de sixte sur le quatrième, *fig.* 39.

Le second renversement n'est usité que dans le mode mineur; il y donne un accord de quarte majeure et sixte sur le sixième degré, *fig.* 40.

— L'origine donnée ici à l'accord de tierce et quinte du second degré de chaque mode étant un fait nouveau en théorie, je suis obligé d'entrer dans quelques détails pour prouver la vérité de cette origine :

1° Le mouvement descendant de la partie qui produit le sixième degré étant, en quittant l'accord de tierce et quinte du second degré, celui qui produit un meilleur effet, surtout en mode mineur, il y a déjà là une preuve en faveur de l'origine que je donne à cet accord.

2° L'impression désagréable produite par le placement du sixième degré au grave dans le mode majeur, fait aussi voir que l'accord de tierce et quinte du second degré tire son origine de l'accord de neuvième de dominante.

3° Une autre preuve de la vérité de cette origine, c'est que, en mode mineur, l'intervalle de quarte majeure qui peut se trouver entre le sixième degré et le second, n'est pas obligé de se résoudre sur la sixte comme la quarte majeure qui se trouve, dans beaucoup d'accords, entre le quatrième degré et la note sensible; les deux parties qui forment cet intervalle peuvent descendre en même temps comme dans la résolution de l'accord de septième diminuée (figure 37, a 3), *fig.* 41.

X.

NOTES CONDITIONNELLES.

Moyennant certaines conditions, des notes qui ne sont point parties intégrantes d'un accord peuvent être entendues en même temps que cet accord.

Reicha appelle ces notes, *conditionnelles, accidentelles* (1); j'adopterai le premier de ces noms.

Les notes conditionnelles sont : les *notes prolongées,* les *notes altérées,* les *notes de passage,* les *appoggiatures,* les *notes anticipées* et les différentes sortes de *pédales.*

XI.

NOTES PROLONGÉES; ACCORDS QUI EN PROVIENNENT.

Très souvent une ou plusieurs notes d'un accord peuvent être prolongées dans l'accord suivant et retarder l'arrivée d'une ou de plusieurs des notes de ce dernier; ce fait harmonique se nomme *prolongation, suspension, retard.*

La prolongation doit avoir lieu sur un temps plus fort que celui sur lequel elle se résout, et durer au moins autant que sa résolution.

---

(1) *Cours de composition,* page 70.

« Des divers temps de la mesure, il y en a de plus sensibles, de plus marqués que d'autres, quoique de valeurs égales. Le temps qui marque davantage s'appelle *temps fort;* celui qui marque moins s'appelle *temps faible.....* Les temps forts sont, le premier dans la mesure à deux temps, le premier et le troisième dans les mesures à trois et à quatre. A l'égard du second temps il est toujours faible dans toutes les mesures, et il en est de même du quatrième dans la mesure à quatre temps.

« Si l'on subdivise chaque temps en deux parties égales, qu'on peut encore appeler temps, on aura de rechef temps fort pour la première moitié, temps faible pour la seconde, et il n'y a point de partie d'un temps qu'on ne puisse subdiviser de la même manière. Toute note qui commence sur le temps faible et finit sur le temps fort est une note à contre-temps; et parce qu'elle heurte et choque en quelque façon la mesure on l'appelle syncope (1). »

Plusieurs auteurs, entre autres Reicha, ne reconnaissent qu'un temps fort dans la mesure à trois temps; il est inutile de dire que c'est le premier.

Aujourd'hui on nomme *partie forte* la première moitié d'un temps ou d'une subdivision de temps, et *partie faible* la deuxième.

Les notes que l'on prolonge sont ordinairement celles qui doivent se résoudre par un mouvement de seconde descendante; — la prolongation de ces notes introduit presque toujours, dans les accords où elle se fait, des dissonances de septième, de neuvième, de seconde, qui se résolvent comme celles que le quatrième degré et la substitution forment avec la dominante :

Septième retardant la sixte, *fig.* 42, a b;

Neuvième retardant l'octave, c d;

Seconde retardant la tierce, e f.

On remarquera que dans les deux premiers cas, c'est la plus haute des deux parties formant l'intervalle qui opère le mouvement descendant, et que dans le dernier c'est la plus basse.

Le retard du mouvement de seconde ascendante peut avoir lieu pour la note sensible, *fig.* 43, a; quelquefois on l'admet aussi pour le second degré précédant la tierce de l'accord de conclusion, b.

La prolongation de la tonique retardant la note sensible dans le premier renversement de l'accord de septième de la note sensible, donne lieu à un accord que l'on nomme, en mode majeur, *accord de septième mineure, fig.* 44.

Il est permis d'échelonner les notes de l'accord de septième mineure par tierces, en faisant descendre ensuite le sixième degré en même temps que la prolongation, *fig.* 45, a. La simultanéité de ces deux mouvements descendants permet aussi de combiner ces notes de toutes les manières possibles.

---

(1) J.-J. Rousseau, *Dictionnaire de musique*, article *Temps*.

Le premier renversement de l'accord de septième mineure se nomme *accord de quinte et sixte*, b;

Le second, *accord de petite sixte*, c;

Et le troisième, *accord de seconde*, d.

Autres résolutions de l'accord de septième sur le second degré et de ses deux premiers renversements, *fig.* 46.

L'accord de tierce, quinte et septième sur le second degré du mode mineur se nomme *accord de septième de seconde;* ses renversements n'ont point de noms particuliers (1), *fig.* 44, 45 et 46, en supposant trois bémols à chaque clef.

En mode mineur, sous quelque aspect que se présente l'accord de septième du second degré, la tonique prolongée peut descendre seule, les notes de l'accord qui apparaît ensuite n'étant soumises à aucune règle quant à leur disposition, *fig.* 47.

La prolongation du troisième degré retardant le second dans le premier renversement de l'accord de septième du second degré, donne lieu à un accord de tierce, quinte et septième sur le quatrième degré; on le nomme, en mode majeur, *accord de septième majeure, fig.* 48.

Les renversements de cet accord n'ont point de noms particuliers. Il faut, autant que possible, placer le troisième et le quatrième degré à la distance de septième dans les deux premiers renversements, *fig.* 49, a, b, et à la distance de neuvième dans le troisième, c.

L'accord de septième du quatrième degré et son premier renversement se résolvent quelquefois sur l'accord de quarte et sixte de la dominante, d, e.

La formation et l'emploi de l'accord de septième sur le quatrième degré sont les mêmes dans le mode mineur que dans le mode majeur, *fig.* 48 et 49, en supposant trois bémols à chaque clef.

La prolongation du troisième degré au-dessus d'un accord de septième mineure ou de septième de seconde déjà complet, donne lieu à un accord de tierce, quinte, septième et neuvième sur le second degré, *fig.* 50, a.

La même prolongation peut avoir lieu au-dessus des renversements des accords de septième du second degré, b, c, d.

En passant de l'accord parfait de la tonique, direct ou renversé, à l'accord de septième du second degré, aussi direct ou renversé, on peut prolonger la dominante, soit seule, *fig.* 51, a, b, c, d, soit simultanément avec le troisième degré, e, f, g.

On remarquera, *ex.* f, un accord de tierce, quinte, septième et neuvième sur le quatrième degré, et, *ex.* g, un accord de tierce, quinte et septième sur le sixième.

La prolongation de la dominante retardant le quatrième degré dans le premier

(1) On peut nommer le premier renversement, *accord de quinte et sixte du mode mineur*, et le troisième, *accord de seconde du mode mineur*.

renversement de l'accord de septième du quatrième degré, donne aussi lieu à *l'accord de septième sur le sixième degré,* h.

Les renversements de cet accord peuvent se pratiquer dans les deux modes, *fig.* 52, a, b, c, et l'accord direct peut se résoudre sur l'accord, aussi direct, de septième du second degré, d.

On peut, par la prolongation de l'accord de neuvième de dominante au-dessus de l'accord parfait de la tonique, obtenir un accord qui renferme toutes les notes de la gamme, *fig.* 53.

XII.

NOTES ALTÉRÉES; ACCORDS QUI EN PROVIENNENT.

Dans le passage d'un accord à un autre, la première note de tout mouvement de seconde majeure, ascendante ou descendante, peut subir une *altération* qui la rapproche de la deuxième; la figure 54 renferme les exemples des altérations les plus usitées :

a, *accord de quinte augmentée ;*

b, c, premier et deuxième renversement du même;

d, autre accord de quinte augmentée pouvant se renverser comme le précédent;

e, autre;

f, *accord de septième de dominante avec quinte augmentée ;*

g, h, i, premier, deuxième et troisième renversement du même.

Dans l'accord de septième de dominante avec quinte augmentée, ainsi que dans ses premier et troisième renversements, il faut, autant que possible, placer le quatrième degré et l'altération à la distance de sixte augmentée.

k, l, *accords de sixte augmentée ;*

m, *accord de sixte augmentée avec quarte augmentée ;*

n, *accord de sixte augmentée avec quinte ;*

o, altération descendante du second degré dans le premier renversement de l'accord de tierce et quinte du second degré du mode mineur.

La résolution des altérations descendantes peut être retardée par la prolongation.

On admet aussi quelquefois le retard de la résolution des altérations ascendantes, à cause de l'analogie que ces altérations ont avec la note sensible.

XIII.

NOTES DE PASSAGE.

On appelle *notes de passage,* des notes qui, en montant ou en descendant, remplissent l'intervalle qui se trouve entre deux notes *intégrantes* produites par la même partie, n'importe laquelle, *fig.* 55, a, b; elles peuvent avoir lieu dans plusieurs parties en même temps, c, d.

Les notes de passage se placent ordinairement aux temps faibles, surtout lorsqu'elles sont produites par la basse; cependant elles peuvent se placer aussi aux temps forts.

Toutes les notes altérées de la figure 54 peuvent être considérées comme des notes de passage.

XIV.

APPOGGIATURES.

L'*appoggiature* est une note qui s'attaque sur un accord auquel elle est étrangère et remplace momentanément une des notes de cet accord, *fig.* 56, a.

L'appoggiature est supérieure ou inférieure; l'appoggiature supérieure peut être à la distance de seconde majeure ou de seconde mineure de la note qu'elle remplace; l'appoggiature inférieure n'en est ordinairement qu'à la distance de seconde mineure.

L'appoggiature se place le plus souvent à la partie principale.

Deux appoggiatures peuvent avoir lieu en même temps; alors il faut qu'elles forment entre elles un intervalle de tierce ou de sixte si les parties qui les produisent doivent procéder par mouvement semblable, b, c; elles peuvent former n'importe quel intervalle, si ces parties doivent procéder par mouvement contraire, d.

XV.

NOTES ANTICIPÉES.

On peut faire entendre un peu d'avance une ou plusieurs notes d'un accord; ce fait harmonique s'appelle *anticipation, fig.* 57.

XVI.

PÉDALES.

Un son prolongé à la basse et sur lequel on fait passer des accords qui lui sont étrangers, se nomme *pédale, fig.* 58.

La pédale doit commencer et finir par un des accords directs de la dominante ou par l'accord parfait de la tonique.

Par extension, on donne aussi le nom de pédale à un son prolongé dans une des parties supérieures, lorsque, de même que la pédale au grave, ce son fait partie de l'harmonie tantôt comme note intégrante des accords, tantôt comme note conditionnelle; de là résultent des *pédales intérieures* et des *pédales aiguës;* ordinairement ces pédales sont formées aussi de la prolongation de la dominante ou de celle de la tonique.

Une note qui fait partie de plusieurs accords différents comme note intégrante, se nomme *tenue* lorsqu'elle est à la basse, *fig.* 59, a, et *note commune* lorsqu'elle se trouve dans une des parties supérieures, b.

XVII.

PROGRESSIONS.

En reproduisant plusieurs fois de suite un *dessin* ou *modèle* composé d'un petit trait de mélodie ou de quelques accords s'enchaînant régulièrement, et montant ou descendant d'une seconde, ou d'une tierce, etc., à chaque reproduction, on forme ce qu'on appelle une *progression.*

Une progression peut donc être mélodique ou harmonique; elle peut aussi être mélodique et harmonique en même temps.

Les conditions principales d'une bonne progression sont : le choix d'un bon modèle, et, si la progression est harmonique, la symétrie des mouvements de toutes les parties dans les reproductions de ce modèle.

A l'aide de cette symétrie, l'accord de tierce et quinte, l'accord de tierce et sixte, l'accord de tierce, quinte et septième, et l'accord de tierce, quinte, septième et neuvième peuvent se placer sur tous les degrés de la gamme :

Progression dont le modèle est le passage de l'accord parfait de la dominante à l'accord parfait de la tonique, *fig.* 60;

Progression dont le modèle est le passage de l'accord de sixte de la note sensible à l'accord parfait de la tonique, *fig.* 61.

L'accord de sixte peut encore se placer sur tous les degrés lorsque ces degrés procèdent comme dans la gamme, ascendante ou descendante : ainsi, par exemple, on peut former une suite des accords 1, 3, 5, 7, 9, 11, 13, 15 et 16 de la figure 61.

Progression dont le modèle est la résolution de l'accord de septième de dominante sur l'accord parfait de la tonique, *fig.* 62.

Progression dont le modèle est la résolution de l'accord de septième mineure sur l'accord de septième de dominante, *fig.* 63;

Autre progression sur le même modèle, avec une prolongation formant dissonance de neuvième retardant l'octave, *fig.* 64.

XVIII.

MODULATIONS OU TRANSITIONS.

Le passage d'un *ton* à un autre s'appelle *modulation* ou *transition.*

— La base de tout notre système d'harmonie étant dans la résolution de l'harmonie de la dominante, il n'est pas étonnant que, s'appuyant sur l'expérience, tous les théoriciens aient été d'avis qu'une modulation n'est bien établie que lorsque l'accord parfait de la nouvelle tonique est précédé de l'harmonie de sa dominante; et, par là, ils ont reconnu, à leur insu, que l'accord parfait de la tonique n'est pas primitif, mais seulement conclusif; ainsi : les transitions les plus naturelles sont celles dans lesquelles on arrive avec le moins de mouvement possible sur l'accord de septième de la dominante du nouveau *ton;* la figure 65 offre des exemples de ces transitions.

Il peut arriver que l'accord de quarte et sixte de la dominante du *ton* dans lequel on veut passer, se présente plus volontiers que l'accord parfait ou l'accord de septième de cette dominante : alors on se sert de cet accord de quarte et sixte, en le faisant suivre immédiatement de l'harmonie naturelle de la dominante, *fig.* 66.

Beaucoup de transitions s'opèrent au moyen des accords qui appartiennent au *ton* que l'on veut quitter et à celui dans lequel on veut passer : ainsi, dans la figure 67, le deuxième accord de l'exemple a peut être l'accord de sixte du deuxième degré du *ton* de *do,* ou celui du quatrième degré du *ton* de *la mineur;* le premier et le deuxième accord de l'exemple b peuvent être l'accord parfait de la tonique et l'accord de quarte et sixte du second degré en *do,* ou l'accord parfait du quatrième degré et l'accord de quarte et sixte de la dominante en *sol;* enfin le deuxième accord de l'exemple c peut être l'accord parfait du sixième degré en *do,* ou celui du second degré en *sol.*

La modulation est *fixe,* ou bien elle n'est que *passagère :* Elle est fixe lorsqu'on reste quelque temps dans le nouveau *ton;* elle n'est que passagère si on le quitte de suite, soit pour passer dans un autre *ton,* soit pour retourner au précédent.

On appelle *transitions enharmoniques* celles qui s'opèrent par la transformation d'un accord en son homophone, c'est-à-dire en un autre accord produit, sur le clavier, avec les mêmes touches.

Par l'*enharmonie,* l'accord de septième de dominante peut se changer en un accord de sixte augmentée avec quarte augmentée sur le sixième degré du mode majeur, ou en un accord de sixte augmentée avec quinte sur le sixième degré du mode mineur, *fig.* 68, a, b.

L'accord parfait majeur se trouvant renfermé dans l'accord de septième de dominante, peut être considéré comme un accord, incomplet, de sixte augmentée avec quarte augmentée ou avec quinte : mêmes exemples, en supprimant la partie supérieure.

Les notes de l'accord de septième diminuée pouvant diviser l'octave en quatre intervalles d'un ton et demi chacun, il en résulte que l'accord direct et ses renversements sonnent de même et peuvent être changés l'un en l'autre :

c, *fig.* 68, accord de septième diminuée en *do mineur;*

d, accord de quinte mineure et sixte sensible en *la mineur;*

e, accord de triton avec tierce mineure en *fa dièze mineur;*

f, accord de seconde augmentée en *ré dièze mineur;*

g, idem en *mi bémol mineur;*

h, accord de quinte mineure et sixte sensible en *do mineur.*

L'accord de septième diminuée peut encore se changer en un premier ou en un deuxième renversement de l'accord de septième mineure avec altération ascendante du deuxième et du quatrième degré, et résolu sur l'accord de quarte et sixte de la dominante :

i, accord de quinte et sixte en *fa majeur* avec double altération;

j, accord de petite sixte en *ré majeur* avec double altération;

Les renversements de l'accord de septième diminuée peuvent subir les mêmes transformations :

k, accord de quinte et sixte en *la bémol* avec double altération.

Au moyen de l'accord de quinte mineure, qui se trouve dans l'accord de septième de dominante et dans l'accord de septième diminuée, on peut obtenir les mêmes transitions qu'avec les accords a, b, en retranchant la note inférieure de chacun des accords de ces transitions, et les mêmes transitions qu'avec les accords e, f, g, en retranchant la note supérieure.

Au moyen de l'accord de tierce et quinte du second degré du mode mineur, qui se trouve dans l'accord de septième diminuée, on peut obtenir les mêmes transitions qu'avec les accords d, e, f, en retranchant la note inférieure.

La réciprocité peut avoir lieu dans toutes ces transformations : ainsi, l'accord de sixte augmentée avec quarte augmentée ou avec quinte peut se changer en un accord de septième de dominante; l'accord de quinte mineure et sixte sensible, l'accord de triton avec tierce mineure et l'accord de seconde augmentée peuvent se changer en un accord de septième diminuée; etc.

XIX.

ACCOMPAGNEMENT DE LA GAMME DIATONIQUE.

Souvent, lorsque la basse procède par degrés conjoints, les accords sont complétés selon la formule appelée *règle d'octave, fig.* 69.

— Une chose remarquable dans la règle d'octave, c'est que chacun des degrés qui font partie de l'harmonie naturelle de la dominante, consonnante ou dissonante (l'accord parfait ou l'accord de septième), reçoit un accord formé plus ou moins avec les notes de cette harmonie, selon qu'il apparaît plus tôt ou plus tard dans le phénomène acoustique que j'ai pris pour base : ainsi, la dominante, qui est note fondamentale dans ce phénomène, reçoit l'accord primitif parfait majeur dont la nature l'a revêtue, et cela dans les deux modes et en montant comme en descendant; le second degré, qui est celui qui apparaît ensuite, reçoit un renversement de l'accord de septième de dominante, et cela aussi dans les deux modes et en montant comme en descendant; le septième degré, qui apparaît en troisième, reçoit aussi un renversement de l'accord de septième de dominante, mais seulement en montant : en descendant il reçoit un accord de sixte et peut être baissé d'un demi-ton dans le mode mineur; enfin le quatrième degré, qui n'apparaît qu'après, reçoit aussi un renversement de l'accord de septième de dominante, mais seulement en descendant : en montant il reçoit l'accord de quinte et sixte afin de pouvoir être suivi de l'accord parfait de la dominante.

XX.

GAMME CHROMATIQUE PRODUITE PAR LA SUCCESSION DES ACCORDS. ACCOMPAGNEMENT DE LA GAMME CHROMATIQUE.

J.-J. Rousseau, dans son *Dictionnaire de musique*, à l'article *Chromatique* dit : « La route élémentaire de la *basse fondamentale* (1) pour engendrer le chromatique ascendant, est de descendre de tierce et remonter de quarte alternativement, tous les accords portant tierce majeure, » et on lit, à l'article 247 des *Éléments de musique* de d'Alembert, qu'on peut former cette basse fondamentale par une suite de toniques et de dominantes qui se succèdent alternativement, *fig.* 70.

— La gamme chromatique peut donc naître de l'harmonie de la dominante répétée sur différents degrés (lignes et interlignes), chaque répétition étant suivie de l'harmonie de sa tonique.

L'unité tonale sera mieux conservée en écrivant et accompagnant la gamme chromatique comme dans la figure 71.

Dans cette figure, chaque note mélodique haussée accidentellement, est momentanément note sensible, et le troisième degré qui ne peut être haussé sans amener une transition à un *ton* trop éloigné est, ainsi que le septième, considéré comme tonique dans sa première moitié et comme note sensible dans sa seconde.

La gamme chromatique s'obtient d'une manière analogue dans le mode mineur.

— La gamme chromatique ascendante peut provenir d'une suite d'accords de septième de dominante résolus chacun sur l'accord parfait de sa tonique, *fig.* 72.

En employant dans leur premier renversement les accords qui sont aux temps faibles dans les figures 71 et 72, la gamme chromatique se trouve placée à la basse.

Si la gamme chromatique ascendante naît d'une suite d'accords parfaits majeurs dont les notes fondamentales se succèdent en montant de quarte et en descendant de tierce alternativement (figure 70), il est évident que la succession des mêmes accords dans l'ordre inverse produira la gamme chromatique descendante.

Si l'on veut harmoniser la gamme chromatique descendante sur le modèle de la gamme chromatique ascendante de la figure 72, c'est-à-dire marier les accords deux à deux du levé au frappé, la note mélodique du premier accord faisant partie de l'harmonie antécédente et pouvant se résoudre dans l'harmonie conclusive par un mouvement descendant d'un demi-ton, on voit de suite que cette note mélodique ne peut être que le quatrième degré ; — et c'est effectivement à ce degré que sont assimilées les notes qui subissent l'altération pour la formation de la gamme chromatique descendante. La meilleure harmonie que l'on puisse donner à cette gamme est donc celle de la figure 73.

---

(1) Partie de basse qui n'est composée que des notes fondamentales des accords.

XXI.

DISTRIBUTION DE L'HARMONIE ENTRE LES DIVERS TEMPS DE LA MESURE.

Les temps forts, le frappé surtout, sont les endroits de la mesure où vient se compléter et se déterminer le sens de la proposition ou du dessin mélodique : au frappé de la mesure se trouve donc ordinairement le conséquent mélodique, tandis que l'antécédent se trouve avant la barre de mesure; or, ce qui s'observe pour la mélodie doit aussi s'observer pour l'harmonie, puisque, lorsque celle-ci accompagne l'autre, l'ensemble du chant et de l'accompagnement ne forme qu'un même discours musical : ainsi, le sens harmonique n'étant déterminé d'une manière absolue que par le conséquent de l'harmonie primitive, c'est-à-dire par l'harmonie de la tonique, le frappé est le temps qui convient le mieux à cette dernière.

— Les accords qui ont la dominante pour note génératrice sont donc des antécédents, aussi bien sous le rapport de la mesure que sous celui de l'harmonie.

L'harmonie primitive est l'harmonie de la dominante, — tout le prouve; et, parmi les harmoniques d'un son grave, d'une assez grande intensité, on distingue même quelquefois la double octave de la septième de ce son, par exemple *fa* si le son générateur est *sol*.

— De ce que la nature ne place au-dessus d'un son plus faible que les harmoniques qui forment avec lui l'accord parfait majeur, est-ce à dire que l'accord ainsi produit doive être l'accord parfait de la tonique? Non, car l'accord parfait majeur appartient encore plus à la dominante qu'à la tonique, puisqu'il lui convient dans les deux modes, tandis qu'il ne convient à la tonique que dans le mode majeur.

L'habitude de commencer par l'accord parfait de la tonique peut-elle le faire considérer comme un antécédent harmonique? Non encore; — cette habitude peut même, au contraire, le faire considérer comme n'étant que le conséquent d'une autre harmonie; voici comment : ordinairement on ne fait entrer l'harmonie que sur le frappé, et il arrive souvent que dans une phrase mélodique qui ne commence pas avec la mesure, les premières notes ne sont pas accompagnées; mais si elles l'étaient, elles ne pourraient, dans la plupart des cas, l'être convenablement que par l'harmonie de la dominante; on peut donc commencer par l'harmonie antécédente, ce qui est aussi naturel que de finir par l'harmonie conséquente.

XXII.

CADENCES.

Le plus petit trait de mélodie ou la plus petite suite d'accords qui forme un sens, s'appelle un *dessin;* un dessin est, le plus souvent, composé d'une mesure ou de deux; plusieurs dessins, ordinairement deux ou quatre, forment une *proposition* ou *membre de phrase;* deux membres de phrase, ordinairement égaux en durée, forment une *phrase.*

Presque toujours les dessins qui entrent dans la même phrase commencent à des temps semblables.

Chaque phrase doit, autant que possible, être *carrée*, c'est-à-dire composée d'un nombre de mesures pair, quatre ou huit, quelquefois six. La phrase de huit mesures divisée en deux membres de quatre mesures chacun, est la plus estimée.

La phrase de quatre mesures se partage en deux par la moitié comme celle de huit, mais celle de six mesures peut avoir un membre de quatre mesures et l'autre de deux.

Un plus ou moins grand nombre de phrases forme une *période* ; enfin un morceau de musique est formé d'une ou de plusieurs périodes.

La terminaison d'une phrase ou d'un membre de phrase se nomme *cadence.*

Il y a deux sortes de cadences : les unes finissent le sens de la phrase musicale, les autres le laissent en suspens ; les premières se nomment *cadences finales,* et les autres, *cadences intermédiaires.*

En harmonie, les cadences finales consistent en un repos sur l'accord parfait de la tonique placé au frappé de la mesure; ces cadences sont : les *cadences parfaites* et les *cadences plagales.*

Les principales cadences parfaites sont celles dans lesquelles l'accord parfait de la tonique est précédé de l'accord parfait ou de l'accord de septième de la dominante.

L'accord de repos peut être précédé de l'accord de neuvième de dominante.

Les accords de quinte mineure et sixte, de sixte sensible, de quinte mineure, de sixte du second degré, de septième de sensible, et de septième diminuée résolus sur l'accord parfait de la tonique, forment aussi des cadences parfaites ; mais ces cadences s'emploient rarement comme cadences finales, parce que le repos dont elles font naître le sentiment, n'est pas assez absolu.

Les cadences plagales sont celles dans lesquelles l'accord parfait de la tonique est précédé de l'accord parfait du quatrième degré, ou quelquefois de l'accord de sixte de ce même degré.

Les principales cadences intermédiaires sont : les *cadences rompues,* les *demi-cadences* et les *quarts de cadence.*

On rompt la cadence parfaite en faisant suivre l'accord parfait de la dominante, direct ou renversé, ou l'accord de septième de dominante, aussi direct ou renversé, d'une harmonie consonnante autre que celle de la tonique, *fig.* 74.

Dans les cadences rompues, la basse procède par degrés conjoints, et les autres parties font le moins de mouvement possible.

Quand on dit simplement cadence rompue, on désigne l'harmonie de l'exemple a ou celle de l'exemple d.

On donne aussi le nom de cadence rompue à la résolution de l'accord de septième diminuée, direct ou renversé, sur un accord consonnant autre que celui qui est naturellement appelé.

Si l'on donne le nom de cadence rompue à la résolution de l'accord de septième diminuée, direct ou renversé, sur un accord consonnant pris ailleurs que dans l'harmonie de la tonique du même *ton,* il faut nécessairement qu'une pareille résolution de tous les autres accords qui ont aussi la dominante pour note génératrice et qui, dans tous les systèmes d'harmonie, sont produits avant l'accord de septième diminuée, reçoive également le nom de cadence rompue; c'est pourquoi je donnerai ce nom à chacun des exemples de la figure 75.

La demi-cadence, ou *cadence à la dominante,* est un repos sur l'accord parfait direct de la dominante, lequel accord peut se trouver à un temps fort ou à un temps faible.

Un repos plus faible que la demi-cadence est un quart de cadence.

On peut éviter toute espèce de cadence, toute espèce de repos, en interrompant la cadence, c'est-à-dire en faisant suivre l'accord parfait de la dominante, ou son accord de septième, ou l'accord de quinte mineure, ou l'un des accords de septième de la note sensible, d'un accord dissonant quelconque.

La basse n'est point forcée de procéder par degrés conjoints dans les *cadences interrompues;* mais les autres parties y doivent faire le moins de mouvement possible.

Le changement de l'accord final en un accord de septième de dominante après l'accord parfait de la dominante, et surtout après son accord de septième, se désigne simplement par le nom de *cadence évitée.*

On peut faire une suite de cadences évitées, *fig.* 76; cela produit, dans deux parties à la fois, la gamme chromatique descendante.

XXIII.

RÉSOLUTIONS EXCEPTIONNELLES.

Les accords dans lesquels on introduit l'enharmonie peuvent être considérés comme résolus d'une manière exceptionnelle.

Les cadences rompues et les cadences évitées sont des *résolutions exceptionnelles.*

L'accord de quinte mineure sur la note sensible du mode majeur étant formé des mêmes notes que l'accord de tierce et quinte du second degré du mode mineur relatif, l'accord de septième de sensible formé des mêmes notes que l'accord de septième de seconde du mode mineur relatif, l'accord de septième mineure formé des mêmes notes que l'accord de septième du quatrième degré du mode mineur relatif, et l'accord de septième du quatrième degré du mode majeur formé des mêmes notes que l'accord de septième du sixième degré du mode mineur relatif, il en résulte que ceux de ces accords qui appartiennent au mode majeur peuvent, par exception, se résoudre comme leurs homophones du mode mineur relatif, et que ceux qui appartiennent au mode mineur peuvent, aussi par exception, se résoudre comme leurs homophones du mode majeur : mais dans ce dernier cas l'effet n'est pas tout-à-fait aussi satisfaisant.

Arrivé jusqu'ici, l'élève fera bien de recommencer la lecture de ce traité, en écrivant, dans les *tons* les plus usités, les exemples d'accords et de successions d'accords qu'il renferme ; et il devra faire ce travail en consultant ces exemples le moins possible.

XXIV.

DE L'HARMONIE SELON LE NOMBRE DES PARTIES.

Les accords peuvent être *plaqués* ou *brisés* : les accords plaqués sont ceux dont toutes les notes sont attaquées simultanément, et les accords brisés, ceux dont les notes sont produites successivement.

En brisant les accords on peut obtenir une harmonie complète avec une seule partie : par exemple, la progression renfermée dans la figure 61 peut s'écrire comme dans la figure 77.

A deux parties, souvent on considère plutôt les intervalles qu'on emploie que les accords d'où ces intervalles peuvent provenir.

Voici quels sont les intervalles qu'on emploie le plus fréquemment à deux parties et quelle est la manière de les employer :

1° La tierce. La tierce inférieure peut accompagner tous les degrés; mais elle ne peut guère accompagner la tonique que dans une série de notes qui procèdent par degrés conjoints, et lorsque cette tonique ne termine pas la série, *fig.* 78.

La tierce supérieure peut accompagner tous les degrés, *fig.* 79.

Il faut éviter de faire une trop longue suite de tierces, car, dit un auteur moderne : « La succession des tierces est la plus innocente qui existe en musique (1). »

2° La sixte. La sixte inférieure peut accompagner tous les degrés, *fig.* 80.

La sixte supérieure peut aussi accompagner tous les degrés ; mais, de même que la tierce inférieure dont elle est le renversement, ce n'est guère que dans une série de notes qui procèdent par degrés conjoints, qu'elle peut accompagner la tonique, *fig.* 81.

Une longue suite de sixtes n'est pas moins innocente qu'une longue suite de tierces.

3° La quinte majeure sous le second degré, *fig.* 82, a.

4° La quinte mineure sous le quatrième, b.

5° La quarte majeure sous la note sensible, c.

La quarte majeure peut se placer aussi sous le troisième degre du mode majeur, lorsque les parties procèdent comme dans la figure 83, *ex.* a ; la même har-

---

(1) Concone, *Traité d'harmonie*, page 37.

monie peut se renverser, *ex.* b ; elle peut aussi, et cela dans les deux modes, avoir lieu de la dominante à la tonique, c.

6° La quarte mineure. A deux parties cet intervalle se prépare ordinairement, *fig.* 84, a ; cependant il peut être employé sans préparation dans une formule de cadence parfaite, b, dans la demi-cadence, c, et dans les accords brisés, d.

Si, à deux parties, on considère les accords d'où les intervalles peuvent provenir, l'harmonie en sera toujours plus parfaite, surtout si au moins une des deux parties est destinée à une voix ou à un instrument de basse.

Bien que nul accord ne puisse être complet à moins de trois notes de noms différents, assez souvent on donne le nom d'accords à des agrégations dont toutes les notes peuvent se désigner avec deux noms seulement : ainsi, par exemple, on dira que, dans la figure 85, l'accord de septième de dominante est deux fois résolu sur l'accord parfait de la tonique.

On peut donc reconnaître certains accords à l'aide de deux notes différentes seulement, et par conséquent les représenter avec deux parties.

A deux parties, on retranche la quinte des accords parfaits, *fig.* 86, a, b, c.

On peut retrancher la tierce de l'accord parfait de la dominante, e.

Lorsque l'accord parfait de la tonique est accord final, souvent on en retranche la quinte et la tierce, d, f.

Dans le premier renversement des accords parfaits, on retranche ordinairement la tierce, g, quelquefois la sixte, h.

Dans les figures 86 et 87, les noires indiquent les notes retranchées.

Dans le deuxième renversement on retranche la quarte, i ; la sixte ne se retranche guère que dans l'accord de quarte et sixte de la dominante, j.

A deux parties, il n'y a que la dominante et le quatrième degré qui puissent faire reconnaître l'accord de septième de dominante ; on ne peut donc employer cet accord que direct ou dans son troisième renversement ; il est mieux de préparer l'une ou l'autre note, k, l, m, n.

L'accord de quinte mineure ne peut s'écrire, à deux parties, qu'avec la note sensible et le quatrième degré, o ; et encore peut-il, ainsi, se confondre avec le premier renversement de l'accord de septième de dominante ou avec l'accord de septième de la note sensible.

La facilité avec laquelle on peut, à deux parties, prendre plusieurs accords l'un pour l'autre, ne présente aucun inconvénient lorsque les parties ont la même marche dans ces accords.

A deux parties, il n'y a que la note sensible et le sixième degré qui puissent faire reconnaître l'accord de septième de la note sensible ; on ne peut donc, dans le mode majeur, employer que l'accord direct ; il est mieux de préparer l'une ou l'autre note, p, q.

Dans le mode mineur on peut employer le troisième renversement, r.

Exemples de l'emploi de l'accord de tierce et quinte du second degré et de son premier renversement, s, t.

A deux parties, il n'y a que le second degré et la tonique qui puissent faire reconnaître l'accord de septième du second degré; il ne peut donc s'employer que direct ou dans son troisième renversement. La préparation de la tonique est de rigueur à deux comme à un plus grand nombre de parties, u, v.

Exemple de l'accord de septième du quatrième degré, x.

L'accord de quinte augmentée et ses deux renversements peuvent s'employer comme dans les exemples y, z, aa.

Quelles que soient les harmonies d'où les accords de sixte augmentée proviennent, ils ne peuvent, à deux parties, s'écrire que par un intervalle de sixte augmentée, bb, cc, dd.

A trois parties, on complète les accords de trois notes, toutes les fois que cela est possible sans qu'il en résulte des suites défendues ou une mauvaise marche des parties.

A trois, et à un plus grand nombre de parties, il est bon qu'il se trouve dans chaque accord un intervalle de tierce ou un intervalle de sixte entre la basse et une des parties supérieures.

La figure 87 renferme les exemples des retranchements qui peuvent se faire dans les accords de plus de trois notes que l'on emploie plus fréquemment à trois parties.

La plupart des exemples d'accords renfermés dans cet ouvrage étant à quatre parties, je n'ai rien à dire ici de l'harmonie à quatre parties.

On a vu qu'à un certain nombre de parties il faut souvent doubler une ou plusieurs notes, c'est-à-dire les placer dans plusieurs parties en même temps.

Les notes qui se prêtent le plus au doublement, sont celles qui laissent une plus grande liberté de mouvement pour passer à l'accord suivant; — et il est encore remarquable que, parmi les notes produites dans le phénomène acoustique que je donne pour base à l'harmonie, cette liberté de mouvement diminue à mesure que ces notes s'éloignent de la fondamentale : ainsi, dans la résolution naturelle des accords primitifs, la dominante peut rester en place ou être suivie d'un mouvement de quarte ascendante ou de quinte descendante ; puis viennent, d'abord le second degré, qui peut être suivi d'un mouvement ascendant ou descendant de seconde; ensuite la note sensible qui est quelquefois suivie d'un mouvement de tierce descendante, contrairement à sa tendance; le quatrième degré qui est quelquefois suivi d'un mouvement de seconde ascendante, contrairement aussi à sa tendance; et enfin la substitution qui n'admet pas d'autre mouvement que celui de seconde descendante.

— Donc, c'est encore du phénomène acoustique représenté dans la figure 1, que se déduisent naturellement les lois sur le doublement des notes d'un accord; et dans tous les principaux accords ce doublement se fait selon l'ordre dans lequel les notes apparaissent dans ce phénomène : ainsi, après en avoir extrait l'accord parfait formé de la fondamentale et de ses deuxième et quatrième harmoniques, *fig.* 88, a, on forme la quatrième partie en doublant la fondamentale, b, à cinq parties on la triple, c, à six on double la quinte de la fondamentale, d, à sept on quadruple la fondamentale, e.

Les doublements se font d'une manière analogue dans l'accord de septième de dominante, f, g, h, i, j.

Dans l'accord de quinte mineure on double le second degré. Des degrés qui composent cet accord, c'est celui qui apparaît le premier dans la figure 1.

C'est aussi le second degré que l'on double dans les accords de septième de la note sensible et de septième du second degré.

Les notes qui se doublent de préférence quand l'accord est direct, sont aussi celles qui se doublent quand il est renversé; la principale exception a lieu pour la note fondamentale dans le second renversement des accords dont la quinte est majeure.

XXV.

BASSE CHIFFRÉE.

On peut n'écrire que la partie de basse, en indiquant le complément des accords par des signes placés au-dessus de cette partie; les chiffres étant les principaux de ces signes, une telle partie de basse se nomme ***basse chiffrée.***

Les chiffres 1, 2, 3, 4, 5, etc., placés au-dessus de la basse, représentent les notes qui forment avec cette basse intervalles de seconde, tierce, quarte, quinte, etc.; ces intervalles sont majeurs ou mineurs selon le degré qui est à la basse.

Les intervalles doublés, triplés, etc. étant presque toujours considérés comme des intervalles simples, les mêmes chiffres s'emploient également pour représenter les octaves de la seconde, de la tierce, etc.

Ordinairement les chiffres placés au-dessus de la basse vont en augmentant de valeur de bas en haut, mais on intervertit quelquefois cet ordre.

Par cet intervertissement, les intervalles de dixième, onzième etc. peuvent, lorsqu'ils sont de rigueur, se trouver indiqués avec un chiffre simple : ainsi $\genfrac{}{}{0pt}{}{5}{6}$ équivaut à $\genfrac{}{}{0pt}{}{12}{6}$.

Les autres signes qui servent à représenter le complément des accords sont :

1° Les signes altératifs. Placé à la gauche d'un chiffre, un signe altératif indique l'altération que doit subir la note représentée par ce chiffre; perpendiculairement au-dessus de la note de basse, il représente la tierce de cette note et l'altération qu'elle subit, et s'il est seul, il représente la tierce d'un accord parfait.

2° La croix (+). Elle indique la note sensible.

3° La ligne transversale (/). Elle indique que le chiffre qui en est affecté, représente un intervalle diminué (1).

---

(1) Autrefois la quinte mineure était appelée quinte diminuée : aussi le chiffre qui la représente se rencontre-t-il souvent affecté de la ligne transversale.

4° La ligne horizontale appelée *barre de continuité* ou de *prolongation*. Elle indique la prolongation d'une note ou de tout un complément d'accord.

L'absence de tout signe indique l'accord parfait, majeur ou mineur, selon le degré qui est à la basse.

Les mots *tasto solo* (touche seule) indiquent qu'il ne faut exécuter que la partie de basse.

Unissono ou *unissoni* (unisson ou unissons) indique que le trait placé à la basse doit être exécuté par toutes les parties.

La figure 89 est un tableau qui renferme le *chiffrage* de chaque accord. Dans ce tableau, qui est en même temps une récapitulation des accords, les chiffres représentent les notes placées au-dessus d'eux.

Voici les raisons qui ont fait admettre un aussi grand nombre de chiffrages pour l'accord parfait : l'accord parfait se chiffre avec un 3, lorsqu'il succède à l'accord de septième de dominante, parce que la septième fait sa résolution sur la tierce, ou lorsqu'il succède à un retard de la tierce par la quarte; avec un 5, lorsqu'il est précédé ou suivi de l'accord de sixte ou de l'accord de quarte et sixte sur la même note; avec un 8, lorsque l'octave de la basse doit se trouver dans le complément. Quant aux autres chiffrages de l'accord parfait, ils servent à indiquer d'une manière plus précise quelles sont les notes qui doivent former le complément et quelle doit être la disposition de ces notes.

La basse chiffrée, qui était très-usitée autrefois comme abréviation de la notation des accompagnements destinés aux instruments à clavier, n'est plus guère d'usage que pour l'étude de l'harmonie.

XXVI.

IMITATION.

L'*imitation* est la répétition d'une phrase ou d'un dessin mélodique par une autre partie, à un intervalle quelconque, et de manière à accompagner la partie qui vient de faire entendre cette phrase ou ce dessin. Afin que l'imitation produise plus d'effet, on la fait ordinairement précéder d'un silence, *fig.* 90.

L'imitation peut être plus ou moins exacte, plus ou moins complète, et elle peut avoir lieu dans plusieurs parties, lesquelles peuvent entrer dans n'importe quel ordre, *fig.* 91.

On peut n'imiter que les figures des notes et des silences : cette sorte d'imitation s'appelle *imitation de mouvement*, *fig.* 92.

XXVII.

STYLES.

En musique, on distingue deux sortes de *styles* : le *style sévère, sérieux*, ou *ancien*, et le *style libre*, ou *moderne*.

Dans le style sévère, il n'y a point de partie principale, c'est-à-dire exclusivement destinée à faire entendre la mélodie, le sujet mélodique, ordinairement très court, étant produit par toutes les parties tour à tour. Les imitations et les prolongations sont d'un grand usage dans ce style, mais les accords altérés, les transitions à des *tons* éloignés, les passages chromatiques, les notes d'agrément et les accords brisés y sont défendus; c'est dans le style sévère qu'est écrite toute l'ancienne musique d'Église, tant pour les voix que pour l'orgue.

Si les éléments dont on fait usage dans le style sévère sont en petit nombre, il n'en est pas de même des règles qui enseignent les différentes manières de les employer; aussi, ce style est l'objet d'études spéciales assez longues.

Dans le style libre, on peut user de toutes les ressources mélodiques et harmoniques, et il y a ordinairement une partie principale, laquelle peut être tout-à-fait indépendante des autres parties; c'est dans ce style que sont écrits les *concertos*, les *sonates*, les *rondeaux*, les *romances*, les *airs variés*, la musique de danse et la plupart des morceaux pour musique militaire.

XXVIII.

DE LA PRATIQUE DE L'HARMONIE DANS LE STYLE MODERNE.

Si volumineuse que soit une méthode d'harmonie, il est impossible qu'elle renferme toutes les remarques utiles auxquelles peuvent donner lieu les matières qui y sont traitées, et qu'elle donne tous les exemples qu'exigeraient ces remarques : aussi, l'étude de tous les sujets exposés dans cet ouvrage sera-t-elle d'autant plus complète qu'on se sera livré davantage à l'audition, à l'examen et, s'il est possible, à l'exécution des compositions des bons maîtres; c'est aussi par là que le sentiment musical se développera, et que l'on apprendra à employer de la manière la plus convenable tous les faits harmoniques dont on aura acquis la connaissance.

La pratique de l'harmonie comprend ces trois opérations :

1° Arranger, c'est-à-dire approprier à tel ou tel ensemble de voix ou d'instruments la musique qui a été écrite pour un autre ensemble.

2° Faire un accompagnement à une mélodie donnée.

3° Composer, c'est-à-dire inventer toutes les parties d'un morceau de musique.

Avant de s'exercer à l'une ou à l'autre de ces opérations, il faut faire l'analyse d'un bon modèle du genre de la musique que l'on se propose d'écrire.

XXIX.

DE L'ANALYSE D'UN MORCEAU DE MUSIQUE.

L'analyse d'un morceau de musique consiste à examiner :

De combien de périodes ou reprises il est formé;

Dans quel *ton* commence chaque période et dans quel *ton* elle finit;

Combien chaque période renferme de phrases.

Quelles sont les phrases radicales et celles qui n'en sont qu'un développement;

Quels sont les passages imités, et comment et par quelle partie ils le sont;

Comment se termine chaque phrase : si c'est par une cadence finale, ou par une demi-cadence, etc.;

Quelles sont, dans chaque accord, les notes retranchées et les notes doublées;

Quels sont les accords employés le plus fréquemment;

De quel accord chaque accord est précédé et de quel accord il est suivi, surtout dans les transitions (1);

Comment certains accords, même des accords dissonants, peuvent, avant leur résolution, changer dans la disposition de leurs notes supérieures, ou se renverser, ou changer de renversement, ou enfin revenir à l'état direct;

Comment les notes conditionnelles sont employées;

Combien, le plus souvent, les gammes un peu rapides ont peu d'importance sous le rapport de l'harmonie;

Comment, au moyen des accords brisés et des notes de passage, une partie d'accompagnement peut être rendue intéressante, surtout quand les parties sont en petit nombre;

Si, chaque fois qu'une phrase mélodique est répétée, l'accompagnement change : dans ce cas, ordinairement il est plus compliqué à chaque nouvelle répétition;

Comment les cadences sont formulées (2);

Dans quel ordre se succèdent les modulations fixes, les différentes espèces de phrases, les diverses cadences;

Quel est le *rhythme* dominant, c'est-à-dire la combinaison de valeurs qui se présente plus souvent;

Quelles sont, à plusieurs parties, les diverses combinaisons de valeurs qui peuvent être entendues en même temps;

Comment les silences qui se trouvent à la partie mélodique sont souvent remplis par l'accompagnement;

Comment les différentes valeurs, la mélodie et les accords se trouvent distribués entre les temps forts et les temps faibles;

Comment, si la musique est composée sur des paroles, le sens plus ou moins absolu des repos est le même pour les paroles, la mélodie et l'harmonie; et à quels temps se trouvent les syllabes longues et les syllabes brèves, surtout si les paroles sont latines;

Comment, dans la musique d'orchestre, les instruments de la même espèce s'unissent entre eux, et comment les instruments à vent s'unissent aux instru-

---

(1) On fera bien de dresser, pour chaque accord, un tableau de tous les accords différents dont on le trouvera immédiatement précédé ou suivi.

(2) Il est utile de faire un recueil de formules des diverses sortes de cadences, et cela, à deux, à trois et à quatre parties.

ments à cordes; et, si cet orchestre accompagne des voix, comment les diverses espèces d'instruments s'unissent aux voix;

Enfin, quel est le caractère de chaque partie et quelle est l'étendue qu'elle parcourt.

XXX.

CARACTÈRE DE CHAQUE PARTIE.

Chaque partie, soit vocale, soit instrumentale, a un caractère, une manière d'être, qui lui est propre.

Après la partie qui produit la mélodie, la partie la plus importante est la basse qui, renfermant la note principale de chaque accord, sous-entend pour ainsi dire toutes les autres parties d'accompagnement; aussi arrive-t-il que la basse étant entendue avec la partie principale, souvent ces deux parties suffisent pour donner une idée assez exacte d'une composition à un certain nombre de parties, et, plus souvent encore, l'effet qui résulte de leur ensemble est très-satisfaisant.

J'ai dit, à la page 19, que la suite des notes produite par chaque partie doit être d'une intonation facile et naturelle; chaque partie doit donc être plus ou moins chantante, et, après la mélodie, ou peut-être même avant, c'est la basse qui doit former le chant le plus parfait.

On a dit, et souvent répété : Quand la basse est bonne, rarement l'harmonie est mauvaise; rien n'est plus simple, car l'harmonie ne peut plus renfermer que quelques fautes de détail, lorsque la partie sur laquelle elle repose est bien faite; mais quel est le caractère d'une bonne basse, et quelles formes cette partie doit-elle revêtir?

Évidemment une basse qui ne sera formée que des notes fondamentales des accords, sera exempte de fautes, si ces notes ne donnent point lieu à des suites défendues; mais une telle basse serait par trop monotone.

Le chant produit par la partie de basse doit avoir une certaine majesté.

On rencontre assez souvent, surtout dans la musique moderne, des passages où la basse est la partie mélodique.

L'étude du caractère de la basse est d'une importance très-grande et trop peu signalée dans les autres traités.

Une partie inférieure, composée d'un bout à l'autre des formes ordinaires à la basse, ne convient bien qu'à une voix ou à un instrument grave.

Le caractère de la basse est toujours à peu près le même; mais celui des autres parties d'accompagnement varie beaucoup, selon l'ensemble des voix ou des instruments pour lesquels ces parties sont écrites.

Entre la basse et la partie mélodique, et aussi entre deux voix ou deux instruments de même espèce, on ne place, autant que possible, que des intervalles bien harmonieux : ceux employés dans les figures 78, 79, 80, 81, 82 et 83.

Dans l'écriture de la musique vocale, il ne suffit pas de renfermer chaque voix dans l'étendue qui lui est propre; il faut encore éviter de faire rester les voix trop longtemps sur leurs notes extrêmes, soit au grave, soit à l'aigu.

L'écriture de la musique instrumentale exige, pour chaque instrument, que, outre la connaissance de l'étendue qu'il peut parcourir, on sache encore :

1° Quels sont les *tons* les plus favorables;

2° Quels sont les passages difficiles ou impossibles à exécuter, soit à cause de la complication du doigté, soit par rapport au maniement de l'archet pour les instruments à cordes, soit par rapport à l'embouchure pour les instruments à vent;

3° Quelles sont les notes défectueuses sous le rapport du timbre ou sous celui de la justesse;

4° Quelle est la manière ordinaire de chanter ou d'accompagner;

5° Enfin, s'il s'agit d'un instrument à vent, dans quel *ton* il est, c'est-à-dire quelle est la note des instruments à cordes avec laquelle son *do* fait unisson.

XXXI.

DE L'ARRANGEMENT.

Il est presque aussi facile de faire des fautes en arrangeant qu'en composant, et pour arranger un morceau de musique convenablement, et de manière qu'avec d'autres moyens d'exécution il produise, autant que possible, le même effet, il faut plus de talent qu'on ne pense généralement.

XXXII.

ACCOMPAGNEMENT DE LA MÉLODIE.

Toute composition musicale doit avoir deux qualités qui semblent opposées l'une à l'autre : l'*unité* et la *variété*. L'unité consiste en ce que toutes les phrases et les périodes d'un morceau de musique concourent bien naturellement à la formation du même tout; on pèche contre l'unité en changeant à chaque instant de *ton*, de mesure, en employant toutes sortes de valeurs, et en formant avec ces valeurs toutes sortes de combinaisons rhythmiques. La variété consiste à éviter la monotonie qui pourrait résulter d'une unité trop rigoureuse.

L'accompagnement doit aider à obtenir ces deux qualités, et souvent c'est lui qui supplée à ce qui manque de l'une ou de l'autre, soit en conservant la même forme, s'il est besoin de maintenir l'unité, soit en changeant de formes, s'il faut ajouter à la variété.

L'accompagnement peut encore ajouter à la variété en introduisant des transitions que la mélodie ne semblait point comporter.

Il faut se garder de donner à l'accompagnement une importance telle, qu'il détourne une partie de l'attention que doit attirer la partie principale.

Pour faire un accompagnement à une mélodie donnée, il faut :

1° Reconnaître le *ton* de chacune des phrases de cette mélodie, ainsi que les endroits où elle change de *ton ;*

2° Pour chaque mesure, chercher l'accord dans lequel on peut faire entrer un plus grand nombre des notes de la mesure, et voir si la diversité de ces notes n'annonce pas plusieurs accords pour la même mesure ;

3° Écrire la note fondamentale de chaque accord ;

4° Enfin remplir l'harmonie selon le nombre des parties et selon leur espèce.

Dans cette dernière opération, souvent on change la note de la basse, soit pour améliorer le chant de cette partie, soit pour compléter l'harmonie, quand la note fondamentale se trouve à la mélodie ou qu'elle est nécessaire pour une partie intermédiaire.

Excepté pour la tonique au commencement et à la fin d'une période, et pour la dominante aux demi-cadences, on évite autant que possible de placer à la basse la même note qu'à la mélodie.

Après un accord on évite, encore autant que possible, de reproduire celui qui le précède, surtout avec la même disposition des parties supérieures.

Lorsque le nombre des parties accompagnantes est de trois ou plus, l'accompagnement doit produire à lui seul une harmonie satisfaisante.

XXXIII.

DE LA COMPOSITION.

Il ne suffit pas de ne point faire entrer dans les morceaux que l'on compose, des passages qui se trouvent déjà dans d'autres morceaux, il faut encore éviter les passages qui leur ressembleraient trop.

Cette observation ne s'applique pas aux successions d'accords d'un accompagnement, ni même à la partie mélodique dans certaines formules de cadences.

Après avoir écrit un morceau d'un genre quelconque, et en suivant les indications fournies par le modèle que l'on aura choisi, il sera très-utile de prendre encore deux ou trois bons modèles du même genre et de comparer tous ces modèles entre eux ; puis on mettra à profit les remarques auxquelles aura donné lieu cette comparaison, lorsque l'on écrira d'autres morceaux de la même espèce.

Si, dans les modèles qu'on aura pris, on rencontre des exceptions aux règles, on ne les imitera que très sobrement, et seulement après s'être bien rendu compte de l'effet qu'elles produisent.

A propos de la musique composée exprès pour être exécutée dans une circonstance particulière, on remarquera :

1° Que ce qui produit de l'effet dans un appartement, en produit beaucoup moins au dehors ;

2° Qu'en plein air, l'effet diffère selon que l'exécution a lieu le jour ou la nuit, et que le calme de la nuit ajoutant beaucoup au charme de la musique, permet de viser à certains effets qui ne ressortiraient pas assez dans le jour;

3° Que plus le nombre des exécutants d'une partie doit être considérable, moins cette partie doit être chargée de notes.

XXXIV.

CONCLUSION.

J'ai choisi, ai-je dit, la meilleure base à donner au système musical, mais le lecteur peut n'en pas être convaincu; c'est pourquoi je crois nécessaire de lui faire examiner les principales bases sur lesquelles reposent les autres traités d'harmonie. Ces bases sont :

1° *L'échelle harmonique du cor et de la trompette.* La série des sons qui peuvent s'obtenir par la seule modification de la manière d'introduire l'air dans certains instruments de cuivre, tels que le cor et la trompette, s'appelle échelle harmonique. Voici quelles sont les relations qui se trouvent entre ces sons :

Du premier au deuxième, une octave;
Du deuxième au troisième, une quinte majeure;
Du troisième au quatrième, une quarte mineure;
Du quatrième au cinquième, une tierce majeure;
Du cinquième au sixième, une tierce mineure;
Du sixième au septième, une autre tierce mineure;
Du septième au huitième, une seconde majeure;
Du huitième au neuvième, une autre seconde majeure,
Etc.

Les systèmes d'harmonie qui ont eu pour base l'échelle harmonique du cor et de la trompette, ont croulé : et cela, principalement parce que dans ces systèmes on considérait la note grave de ces instruments comme la première note de la gamme, tandis qu'elle est la cinquième.

La preuve que la note grave du cor ou de la trompette n'est pas la première note de la gamme, se trouve dans le *si bémol,* qui est le septième des sons naturels de ces instruments; et je ne suis point le seul qui pense ainsi.

2° *La division du monocorde.* Voici en quoi consiste cette base et comment elle est exposée dans le traité de Catel :

« Une corde tendue donne dans sa totalité un son que je nommerai SOL. Sa « moitié donne un SOL à l'octave du 1er, son tiers donne un RÉ à la 12me, son quart « donne un SOL à la double octave, son cinquième donne un SI à la 17me, son « sixième donne un RÉ octave du tiers, son septième donne un FA à la 21me, son « huitième donne un SOL à la triple octave, son neuvième donne un LA à la 23me.

« Ainsi, en partant du quart de la corde, ou de la double octave du premier « son, on trouve en progression de tierces l'accord SOL, SI, RÉ, FA, LA. » (*fig.* 93).

« En commençant cette opération à la triple octave, qui est le huitième de la « corde, et laissant les notes intermédiaires, on trouve l'accord SOL, SI, RÉ, FA, LA « bémol, qui est le même accord que le précédent dans le mode mineur. » (*fig.* 94 et 95).

« Cet accord contient tous ceux qui sont pratiqués dans l'harmonie, savoir :

« L'accord parfait majeur (*sol si ré*) ;

« L'accord parfait mineur (*ré fa la*) ;

« L'accord de quinte diminuée (1) (*si ré fa*) ;

« L'accord de septième dominante (*sol si ré fa*) ;

« L'accord de septième de sensible (*si ré fa la*) ;

« L'accord de septième diminuée (*si ré fa la bémol*) ;

« L'accord de neuvième majeure dominante (*sol si ré fa la*) ;

« L'accord de neuvième mineure dominante (*sol si ré fa la bémol*) (2). »

— Cette division d'une corde est une chose par trop arbitraire pour pouvoir servir de base à l'harmonie : ainsi, pour arriver à la formation de ses accords principaux, Catel est obligé d'abord de choisir son point de départ, puis de rejeter toutes les notes qui l'embarrassent : il y a donc lieu de croire que s'il lui eût fallu obtenir d'autres résultats, il y serait parvenu au moyen d'une autre division, ou en commençant par une autre note, ou encore en laissant de côté d'autres intermédiaires.

3° *La progression des quintes.*

— Elle n'enseigne aucunement la manière de former des accords.

4° *L'addition et la soustraction des tierces.*

— Avant d'opérer avec des tierces, il faut les obtenir, ou, au moins, avoir une bonne raison pour les commencer plutôt par une note que par une autre.

5° *Le choix d'un plus ou moins grand nombre d'accords fondamentaux.*

— Quel que soit ce choix, il ne peut pas être regardé comme une base, mais seulement comme une manière d'entrer en matière.

6° *La tonalité.* M. Fétis, qui a pris cette base, dit la tonalité « engendrée par l'accord dissonant naturel (3) » (l'accord de septième de dominante), et il l'a définit ainsi : « La tonalité se forme de la collection des rapports nécessaires, successifs ou simultanés, des sons de la gamme (4). »

— Mais si notre tonalité est engendrée par l'accord de septième de dominante, cet accord, à son tour, d'où provient-il ?

Je crois avoir prouvé que l'accord de septième de dominante existe dans la nature.

---

(1) Quinte mineure.

(2) Catel, *Traité d'harmonie*, pages 5 et 6.

(3) M. Fétis, *Traité complet de la théorie et de la pratique de l'harmonie*, préface philosophique, page XL.

(4) *Ibid.* page 21.

— Par la manière dont j'ai développé la base que je donne à notre système de musique, cette base renferme toutes celles dont il vient d'être parlé ; ainsi :

1° Le phénomène acoustique que j'ai pris pour point de départ, renferme les mêmes intervalles que l'échelle harmonique du cor et de la trompette.

2° Il renferme aussi les mêmes notes que celles obtenues par Catel dans la division du monocorde.

3° Les premières notes du même phénomène m'ont indiqué la progression des quintes ; et c'est par cette progression que j'ai trouvé toutes les notes qui m'étaient nécessaires pour compléter le nombre de celles qui sont employées dans notre système musical.

4° Le premier accord que j'ai obtenu, l'accord parfait de la dominante, est composé de deux tierces superposées ; en ajoutant un harmonique, c'est-à-dire une tierce, au-dessus de cet accord, j'ai eu l'accord de septième de dominante ; en retranchant la note grave, c'est-à-dire une tierce, de l'accord de septième de dominante, j'ai eu l'accord de quinte mineure ; la substitution du sixième degré au cinquième, pour la formation de l'accord de neuvième de dominante, ajoute une tierce au-dessus de l'accord de septième de dominante ; en retranchant une tierce au grave de l'accord de neuvième de dominante, j'ai eu l'accord de septième sur la note sensible ; en en retranchant deux, j'ai eu l'accord de tierce et quinte du second degré ; par la prolongation de la tonique dans le premier renversement de l'accord de septième de la note sensible, j'ai eu l'accord de septième sur le second degré : il a une tierce de moins au grave que l'accord de septième sur la note sensible et une de plus à l'aigu ; par la prolongation du troisième degré dans le premier renversement de l'accord de septième du second degré, j'ai eu l'accord de septième sur le quatrième degré : il a une tierce de moins au grave que le précédent et une de plus à l'aigu ; enfin j'ai eu l'accord de septième sur le sixième degré par la prolongation de la dominante dans le premier renversement de l'accord de septième sur le quatrième degré.

En résumant ce dernier alinéa, on trouve la progression de tierces *sol, si, ré, fa, la, do, mi, sol,* la seule qui puisse, en ne répétant aucune tierce, renfermer tous les accords directs et renversables employés dans le même *ton.*

5° J'ai expliqué non-seulement l'emploi de tous les accords, mais aussi leur origine.

6° J'ai déduit facilement de mon point de départ, les deux modes, gammes et accords, c'est-à-dire notre tonalité.

— Les principales relations qui doivent exister entre les sons employés dans notre système de musique, sont invariablement fixées par la nature : on peut en voir une preuve bien convaincante dans la série des intervalles qui s'obtiennent sur tous les instruments de cuivre, soit naturellement comme sur le cor et la trompette, soit avec l'emploi des mêmes clefs comme sur l'ophicléide, ou des mêmes pistons comme sur le cornet et tous les autres instruments à pistons, soit à la même position comme sur le trombone ; ces intervalles peuvent varier dans leur nombre, mais ils commencent toujours la série : octave, quinte, quarte, tierce majeure, etc., quelles que soient la forme et la dimension que l'on donne à ces instruments; or, je demanderai quel serait, dans notre tonalité, l'emploi de la plupart des instruments à vent, si cette tonalité n'était pas conforme aux phénomènes acoustiques.

On trouvera peut-être que j'aurais pu, tout aussi bien, baser l'harmonie sur l'échelle harmonique des instruments de cuivre, en donnant à cette échelle la dominante pour fondamentale; mais la production successive des sons ne m'ayant jamais paru une raison suffisante pour autoriser la simultanéité de leur audition, j'ai dû choisir une autre base.

— Si j'avais voulu donner à ce traité une autre base que celle que je lui ai donnée, j'aurais choisi cet autre phénomène acoustique, qui est en quelque sorte la preuve de l'excellence de la base que j'ai adoptée : Si l'on prend, sur l'orgue, pour son fondamental, le *do* grave d'une flûte ouverte de huit pieds (l'orgue sur lequel j'ai fait l'expérience, n'a pas de plus grands tuyaux ouverts), et qu'à mesure qu'un harmonique est entendu, on accorde à son unisson le tuyau correspondant, on obtient, en supprimant la triple octave du son fondamental, un accord de neuvième de dominante : *do* 1, *do* 2, *sol*, *do* 3, *mi*, *sol*, *si bémol*, *ré*, d'une extrême douceur.

— Aucune base n'est donc aussi naturelle ni aussi rationnelle que celle que j'ai adoptée; mais il fallait développer cette base d'une manière qui présentât quelques avantages; c'est ce que je crois avoir fait, et cela, sans jamais être un seul instant en contradiction ni avec la base sur laquelle repose ce traité, ni avec aucun des usages généralement admis en musique.

Nota. La croix (+) sert à désigner d'une manière plus particulière l'objet auquel le texte se rapporte.

L'astérisque indique que toutes les combinaisons que peuvent former les notes supérieures d'un exemple sont admises; mais la disposition écrite est celle qui est préférable.

Les signes ( ) indiquent que ce qui se trouve entre eux peut être exécuté en allant de droite à gauche.

Paris. Imp. Pointel 33 R. Montorgueil.

11.
a 8ves réelles.
b 5tes réelles.
c 8ve cachée.
d 5te cachée.
12.
13.
14.
15.
16.
17.
18.
Accord direct.
1er renversement.
2e id.
3e id.
etc.
19.
1re position.
2e id.
3e id.
20.
a
b
c
21.
a
b
22.
Accords parfaits.
majeurs.
mineur.
23.
24.
25.
26.

27. a b c d
28. a b c d
29. a b ou
30. a b c
31. ou
32. a b c à 4 p.
33. a b c à 4 p. d e ou
f à 4 p.
34. a b c d e à 4 p. ou
35. a 1er renversement. à 4 parties. b 2e renversement.
à 4 p. c 3e renv! à 4 p. d e f
36. a b c d
37. à 1 à 2 à 3 à 4
b c
d

38.
39.
40.
41.
42.
43.
44.
45.
46.
47.

48.
49.
50.
51.
52.
53.
54.

55.
56.
57.
58.
59.
60.
61.
62.
63.

64.
M
Mode majeur.
65.
Mode mineur.
66.
M
67.
a
M
b
M
c
M
68.
a
b
c
d
e
f
g
h
etc.
i
j
k
etc...
69.
70.
M
71.
M

72.
M
73.
M
74.
a
b
c
d
e
f
M
75.
M
M
M
M
M
76.
M
77.

78.
79.
80.
81.
82
83.
84.
85.
86.
87.
a b c d e f g h i j k l m n o p q r s t u v w x y z aa bb cc dd
M

88.

89.

Accord parfait majeur. 1er renv! 2e id. Accord parfait mineur. 1er r. 2e.

Acc. de 7e de dom. en mode maj. 1er renv! 2e id. 3e.

Les mêmes en mode mineur.

Acc. de 5te minre en mode maj. 1er renv! 2e. Les mêmes en mode mineur.

Acc. de 9e maj. de Dominante. 1er renvers! 2e id. 3e.

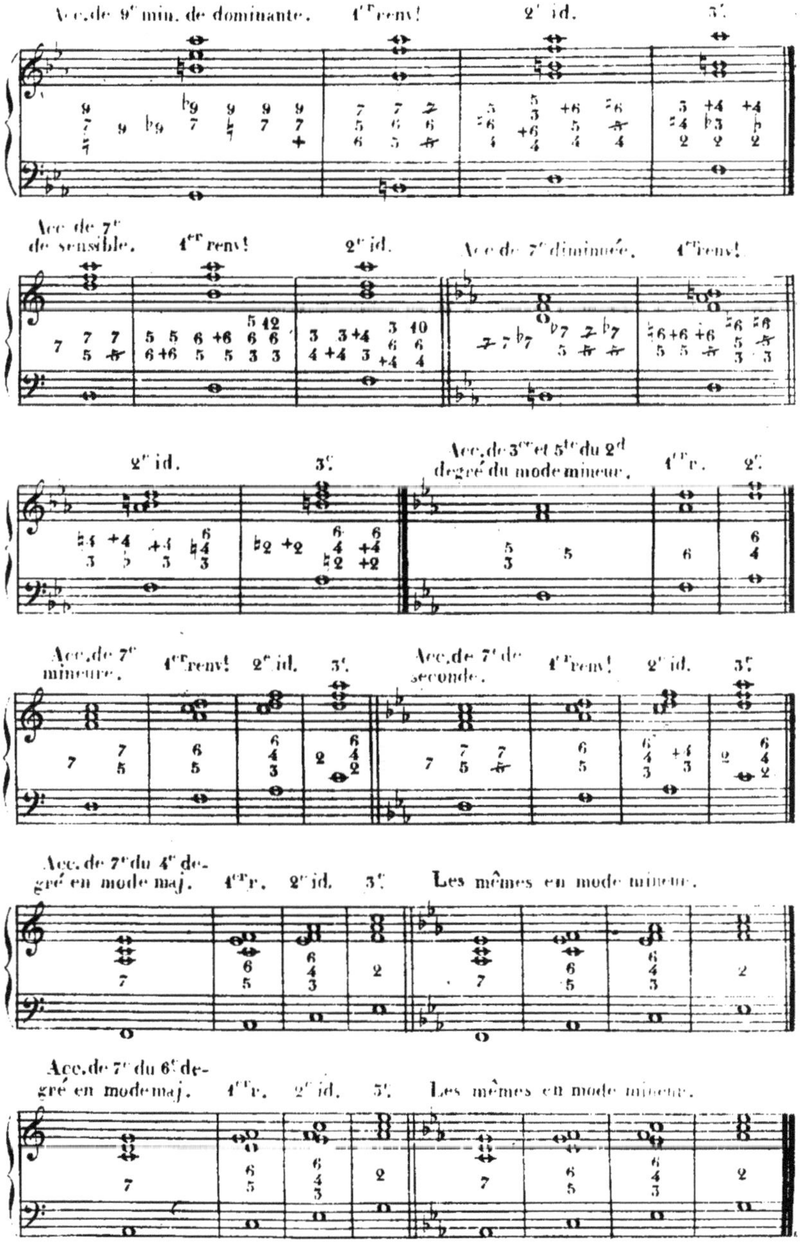

Acc.de 9e min. de dominante. 1er renvt 2e id. 3e.

Acc. de 7e de sensible. 1er renvt 2e id. Acc. de 7e diminuée. 1er renvt

2e id. 3e. Acc. de 3ce et 5te du 2d degré du mode mineur. 1er r. 2e.

Acc. de 7e mineure. 1er renvt 2e id. 3e. Acc. de 7e de seconde. 1er renvt 2e id. 3e.

Acc. de 7e du 4e degré en mode maj. 1er r. 2e id. 3e. Les mêmes en mode mineur.

Acc. de 7e du 6e degré en mode maj. 1er r. 2e id. 3e. Les mêmes en mode mineur.

90.
91.
92.
93.
94.
1/8 1/9 1/10 1/11 1/12 1/13 1/14 1/15 1/16 1/17
95.

www.ingramcontent.com/pod-product-compliance
Ingram Content Group UK Ltd.
Pitfield, Milton Keynes, MK11 3LW, UK
UKHW021648260726
13994UKWH00003B/1350